Carola Rönneburg

# Grazie mille!

HERDER spektrum

Band 5494

Das Buch

Ist ein Leben ohne Espresso denkbar? Wie sähe unser Land ohne Eiscafés aus? Und kann die deutsche Küche heute auf Knoblauch verzichten? Noch vor 50 Jahren galt Knoblaucharoma als Zumutung, Nudeln wurden eine Viertelstunde lang auf kleiner Flamme gefoltert, in den Innenstädten stellte kein einziges Lokal seine Stühle auf die Straße. 1955 schlossen die deutsche und die italienische Regierung einen Anwerbevertrag ab – und die Italiener kamen. Arbeitsmigration mit unerwarteten Konsequenzen. Denn seither knattern Vespas über die hintersten Dörfer, Menschentrauben bilden sich vor der Eisdiele, und die Frage, ob man Cappuccino trinkt oder Latte Macchiato, besitzt ideologische Dimensionen. 50 Jahre Arbeitsmigration als Politikum bis hin zur Anekdote: Adenauer spielte Boccia, einer seiner Nachfolger erhob „Basta!“ zum festen Bestandteil des sozialdemokratischen Vokabulars, und der Trainer einer süddeutschen Fußballmannschaft verkündete: „Ich habe fertig!“

Das Buch zum *mezzo secolo* des Anwerbevertrags geht mit Geschichten über Pasta, Belcanto und der Vespa der Frage nach, wie die Italiener unser Leben verschönert haben. Pizza, Espresso und Olivenöl gehören mittlerweile ebenso zu unserem Alltag wie Übungen im Dolce far niente oder zuvor kaum erahnte Möglichkeiten der nonverbalen Kommunikation.

Mit Gastbeiträgen von Barbara Häusler, Fritz Eckenga, Harald Fricke, Volker Gunske und Michael Ringel.

Die Autorin

Carola Rönneburg, geb. 1964, lebt in Berlin. Sie schreibt u.a. für „Tageszeitung“, „Frankfurter Rundschau“ und Deutschlandfunk und führt die Einpersonenredaktion der kulinarischen Kampfschrift „Häuptling Eigener Herd“.

Carola Rönneburg

# Grazie mille!

## Wie die Italiener unser Leben verschönert haben

HERDER

FREIBURG · BASEL · WIEN

Gedruckt auf umweltfreundlichem,
chlorfrei gebleichtem Papier

Originalausgabe


www.herder.de
Satz: Dtp-Satzservice Peter Huber, Freiburg
Herstellung: fgb · freiburger graphische betriebe 2005
www.fgb.de
Umschlaggestaltung und Konzeption:
R·M·E München / Roland Eschlbeck, Liana Tuchel
Umschlagmotive: Vespa

ISBN 3-451-05494-9

## *Inhalt*

Träge wirft ein Büffelkäse Blasen,
hinterm Schuppen schnarcht ein Mittagsschaf,
Oleander blühn in roten Vasen,
in Idyllien döst ein deutscher Graf.

Kleiner Bürgersohn aus Westgermanien,
träumt sich unterm Ölbaum auf den Thron.
Danke, Dir, Du Bauer aus Toscanien,
nun gehört Dein Hof einem Baron.

Ja, wir haben tausend Dank zu sagen,
für die Duldung deutscher Prominenz,
für Asylgewährung mancher Plagen

in den Ferien unsres Parlaments.
Wär's zuviel verlangt, dass die Fraktionen,
zukünftig auf Dauer bei Euch wohnen?

(wenigstens der allerärgste Stenz:
Gockel Jockel, seine Exzellenz?)

Fritz Eckenga

# Gebrauchshinweis

Nicht jeder Deutsche kennt einen Italiener, aber jeder hat einen. Ein solcher Italiener ist eine Pizzeria, eine Trattoria oder ein Ristorante – und wer über entsprechende soziale Kontakte verfügt, kann sogar mit einem Italiener zum Italiener gehen.

Vor 50 Jahren war das noch nicht so. Am 20. Dezember 1955 aber unterzeichneten die Regierungen Italiens und der Bundesrepublik Deutschland einen Vertrag über die „Anwerbung und Vermittlung von Arbeitskräften". Vordergründig ist die Interessenlage beider Länder klar: Vor allem in Süditalien, Sizilien und Sardinien waren die Lebensbedingungen nach dem Zweiten Weltkrieg katastrophal. Die Arbeitslosigkeit war extrem hoch, die Löhne lagen auf niedrigstem Niveau, es herrschten Armut und Hunger. Schon 1951 hatte Italien versucht, die Bewohner des *mezzogiorno* nach Deutschland zu vermitteln. Auf dem deutschen Arbeitsmarkt dagegen zeichnete sich ab, dass es schon bald an Arbeitskräften mangeln könnte.

Der italienischen Regierung war jedoch auch bewusst, welche innenpolitischen Probleme es zu vermeiden galt. Das Wirtschaftsförderprogramm für den Süden Italiens würde erst langsam Erfolge zeigen. „Lernt eine andere Sprache und geht fort", sollte Ministerpräsident Alcide de Gasperi bald seine Landsleute auffordern. Auf deutscher Seite wiederum rechneten sich die Unternehmer aus, billige Arbeitskräfte ins Land holen zu können. Im Vorfeld der Vertragsunterzeichnung war es daher in der Bundesrepublik zu Diskussionen gekommen. Die Gewerkschaften und das

Bundesarbeitsministerium hatten sich – erfolglos – gegen die Arbeitgeber und Wirtschaftsminister Ludwig Erhard gestellt und darauf gedrängt, zuerst die einheimischen Arbeitslosen in Lohn und Brot zu bringen. Immerhin aber konnten sie die tarifliche und arbeitsrechtliche Gleichstellung der „Gastarbeiter" durchsetzen.

Verwendet heute noch jemand das Wort „Gastarbeiter"? In den letzten Monaten habe ich es mehrfach benutzt, um zu illustrieren, womit ich mich beschäftigte. 2005, erinnerte ich meine Gesprächspartner, ist ein Jubiläumsjahr – nachdem der Anwerbevertrag abgeschlossen war, machten sich Hunderttausende Italiener auf den Weg, um unter anderem in deutschen Zechen, Autowerken oder Chemiefabriken zu arbeiten, bei Textilherstellern oder in landwirtschaftlichen Betrieben. Es war nicht das erste Mal, dass Italiener nach Deutschland kamen. Schon im 19. und im beginnenden 20. Jahrhundert waren sie hierhin ausgewandert, und 1937 ersetzten die Nationalsozialisten, konzentriert auf Rüstungsproduktion und Kriegsvorbereitung, fehlende Kräfte in der Landwirtschaft durch „Arbeitergäste" der faschistischen „Achsenmacht" Italien.

Nie zuvor aber geriet die deutsche Gesellschaft mit so viel italienischer Kultur in Berührung. Von Mitte der Fünfzigerjahre an lernte sie allerlei Neues kennen: Knoblauch, das moderne Ambiente italienischer Eiscafés, deutliche Gemütsäußerungen et cetera. Alles war gewöhnungsbedürftig. Erstaunlicherweise grenzten sich die Deutschen – langfristig – trotzdem nicht dagegen ab, vielmehr integrierten sie, was ihnen gefiel, in ihr Leben.

Die einleuchtende Idee, sich für dies und mehr endlich einmal ordentlich bei den Urhebern zu bedanken, hatte Martin Breitfeld vom Verlag Herder. Gefragt, ob ich diese Aufgabe übernehmen wollte, willigte ich sofort ein und feilte mit Lektor German Neundorfer an einer Liste der potenziellen Lobreden. Gerade auf kulinarischem Gebiet, waren wir uns einig, gab es viel zu preisen: Pizza und Pasta, Espresso und Wein sowie Gemüse, das den Kochvorgang überleben darf. Zu den unbedingt zu berücksichtigenden, nicht essbaren Italienimporten zählten wir die Vespa, Musik und Schuhe. Mehrfach ging die Tabelle hin und her zwischen Berlin und Freiburg, wir ergänzten und strichen. La dolce vita kam hinzu, Terrakotta verlor an Bedeutung. Giovanni Trapattonis Brandrede verdrängte den Fiat – aber in jeder Post aus dem Süden behauptete sich das Goldkettchen, das ich dezent auf einen Abstiegsplatz zu drängen suchte.

Beiträge, die Spezialkenntnisse erfordern, übernahmen Gastautoren: Harald Fricke, Volker Gunske, Michael Ringel und Barbara Häusler stellten bereitwillig ihr Wissen über italienisches Design, den Italo-Western, deutsch-italienische Fußballbeziehungen und die komplizierte Technik von Espressomaschinen zur Verfügung; das Anliegen des Gastdichters Fritz Eckenga könnte gar zu völlig neuen bilateralen Verträgen inspirieren.

Ein Buch darüber, wie die Italiener unser Leben verschönert haben, klammert manches aus. Von südsardischen Willkommensritualen etwa, über die Italienkenner zu berichten wüssten, ist überhaupt nicht die Rede, und auch die mehr als schäbige Behandlung italienischer Zuwanderer wird allenfalls im Kapitel über Wolfsburgs Schulgründer gestreift. Wenn man sich bedanken will, muss das so sein: Dieses Buch untersucht weder die italienische Migration noch seltene italienische Phänomene. Es erinnert aber vielleicht daran, dass wir ohne Zuwanderer noch heute im eigenen Saft schmorten. Wir hätten vielleicht einige Auslandserfahrungen im Urlaub gesammelt, aber kaum mehr als ein paar Souvenirs in die Heimat gerettet. Und nein, Goldkettchen wären auch dann nicht darunter gewesen.

Dass man hierzulande anders leben kann als wir, erfahren wir durch die Nichtdeutschen. Die Italiener, unsere Lieblingsausländer, waren die Vorreiter – ohne sie würden wir weiterhin unseren besten Freunden die Hand schütteln. Gleich nach ihnen kamen Spanier, Griechen, Türken, Jugoslawen, Marokkaner … Alle haben unseren Horizont erweitert. Das gilt selbst für Sitten und Gebräuche, die wir beim besten Willen nicht übernehmen wollen: Warum das so ist, muss man begründen können.

Bevor die nächste Diskussion über die deutsche Leitkultur beginnt, bedanke ich mich hiermit für alles Fremde, das Deutschland bereichert und verändert. Ich nutze außerdem die passende Stelle, um meinen Interviewpartnern während der Recherche zu diesem Buch meinen Dank auszusprechen. Sie sind hoffentlich alle namentlich erwähnt – hinzufügen möchte ich Julia Kaun, Edith Pichler, Uwe Rada und Thomas Vilgis. Besonders danke ich meinem Betreuer German Neundorfer, der mich mit Worten und Schokolade unterstützte. *Dolce & Gabbana* ersetzen soeben die Krawatte durch Goldkettchen – es ist mir ein Rätsel, wie er sie dazu gebracht hat.

## *Stracciatella im Venezia*

### Die Eisdiele als Hoffnungsträger

Wer nach einem langen, dunklen Winter sehnsüchtig besserer Zeiten harrt, sucht nach Zeichen. Die Balzerei der Singvögel ist eines, aber große Freude will das Piepen und Tirilieren nicht auslösen. Amsel, Drossel, Fink und Star kümmert es nicht, ob die Sonne wieder scheinen wird. Sie bezwitschern notfalls auch ein nasses Revier und ziehen ihre Brut mitten im Dauerregen groß. Der wintergebeutelte Mensch aber muss wissen, ob er hoffen darf. Wird er seinen dicken Wollpullover und den langen Mantel in diesem Leben noch einmal ausziehen können? Wird er jemals wieder Fahrrad fahren? Niemals, murmelt er miesepetrig in seinen Schal. Und wie er auf seinem Weg nach Hause oder zur Arbeit oder wohin auch immer um die Ecke biegt, da sieht er sie plötzlich. Sein Herz geht auf, alles wird gut: Die Eisdiele ist wieder da!

Die Eisdiele ist wieder da und mit ihr der Eismann beziehungsweise seine Eismannfamilie – ein neuer Cousin ist dabei, der alte lernt ihn gerade an der Espressomaschine an. Signora Eismann poliert ein Glasregal, aber das tut sie nur, weil längst schon alles erledigt ist – jedenfalls ist nirgendwo ein Staubflöckchen oder ein Fleck zu sehen. Ihr Mann stößt mit dem Rücken die Küchenschwingtür auf. In den Händen trägt er einen rechteckigen Bottich aus Edelstahl, routiniert rückt er ihn in die Vitrine neben den Klassikern ein: Vanille, Schokolade, Malaga, Aprikose … Eine neue Sorte? Ricotta-Eis gab es im letzten Jahr, was kann danach noch kommen? Draußen, vor der Luke für den Außer-Haus-Verkauf, neben der grün-roten Fahne mit dem weißen Aufdruck „Ital. Eis“, taucht ein minderjähriger Kunde auf. Wie er werden von nun an wieder Tausende das Eisentreppchen besteigen, das der Eismann extra an dieser Stelle montiert hat, damit die Kinder groß genug sind, sein Angebot zu überschauen. Für den Erwachsenen ist es noch etwas zu früh für ein Eis. Aber mit einem Cappuccino lässt sich die Saison auch eröffnen.

Maßgeblichen Anteil daran, dass unsereins heute beim Eismann sitzen kann, hat ein deutsches Gesetz, das den Verkauf von italienischem Eis auf der Straße untersagte und in Braunschweig erfunden wurde. In der niedersächsischen Stadt wurde einst besonders eifrig Eis produziert: In den Sommern der Jahre 1891 bis 1903 wirkte hier der Gelatiere Vittorio Toscani noch weitgehend allein, aber schon 1911 waren 35 Speiseeishersteller registriert. Zu ihnen gehörten nicht nur italienische Saisonarbeiter aus Venetien, sondern auch Deutsche, die das Handwerk erlernt hatten. Das Eis wurde mit kleinen Wagen transportiert und aus Kühlbottichen heraus verkauft. Anstatt sich über die kulinarische Bereicherung zu freuen, warnten die Stadtoberen jedoch vor den gesundheitlichen Gefahren des Eisverzehrs für Kinder und, schlimmer noch, unsittlichen Gesprächen im Umfeld der Eiswagen. Braunschweig appellierte an den Deutschen Städtetag, diesen Schreckensszenarien ein Ende zu bereiten. Auch andernorts, stellte sich heraus, traf der sonst sauber nach Geschlechtern getrennte Nachwuchs unbeaufsichtigt sowie eishungrig zusammen, und so verboten mehrere deutschen Städte, Eis auf Straßen und öffentlichen Plätzen zu verkaufen. Damit die Eishändler ihre besten Kunden, die Kinder, nicht etwa von privatem Grund aus mit ihrer Ware versorgten, galt in Braunschweig ein Bannkreis von 200 Metern um Schulen und Spielplätze herum.

In der Folge etablierten sich überall in Deutschland Eisdielen und Eiscafés, obwohl, wie Michael Koglin in seinem Buch „Italiener in Hamburg“ berichtet, die Presse auch vor dieser Ansiedelung warnte. Der „Hamburger Generalanzeiger“ zum Beispiel geißelte die „Eis-Pest“ und verurteilte die „Gewinnsucht lästiger Fruchteis-Italiener.“ Aufzuhalten war der Eiskonsum selbstverständlich nicht. Mit Beginn der Fünfzigerjahre kam es sogar zu einem regelrechten Eisdielenboom: Jugendliche entdeckten die Lokale für sich. Im Gegensatz zu den rustikal ausgestatteten deutschen Wirtshäusern, in denen genauso rustikal gebechert wurde, boten italienische Eisdielen ein modernes Ambiente ohne Bierdunst. Die Einrichtung wirkte karg, aber klar, und in manchen Läden stand neben der metallisch glänzenden Bar eine Musikbox, bestückt mit den aktuellsten Schlagern. Trotz großer Halbstarkenpräsenz weilte auch die ältere Generation hier, ergriffen von der grassierenden Italiensehnsucht. In den Eiscafés, die „Venezia“ hießen, „Lido“, „San Marco“ und „Riviera“, ließ sich von Sonne, Strand und *dolce vita* träumen. In den Schlagern und Filmen der Fünfzigerjahre war ein verheißungsvolles Postkartenbild Italiens entstanden, das nicht nur Abwechslung vom grauen deutschen Arbeitsalltag versprach, sondern das genaue Gegenteil – ein gewichtiger Grund für die Firma Langnese, 1959 ein Eis am Stiel „Capri“ zu nennen und in Umlauf zu bringen.

Für die stetig steigende Zahl deutscher Italienurlauber gab es einen weiteren Grund, sich an die Adria oder den Gardasee zu sehnen: Erst gute zehn Jahre von ihnen befreit, mochte kaum ein europäisches Land Deutsche bei sich willkommen heißen. „Wir hatten die halbe Welt mit Krieg überzogen“, erinnert der italophile Verleger Klaus Wagenbach im Berliner „Tagesspiegel“, „die waren froh, dass sie uns ’ne Weile nicht sehen mussten.“ Die Aussicht, auf offene Ablehnung zu stoßen, schien bei den ehemaligen Verbündeten geringer – und die öffentliche Auseinandersetzung mit der Wehrmacht, die auch in Italien Kriegsverbrechen begangen hatte, lag noch in weiter Ferne. „In Paris bin ich noch aus dem Hotel geflogen: ‚Pas des Allmands!'" In Italien sei das anders gewesen, „weil die Italiener unendlich gastfreundlich sind, und weil sie Mitfaschisten waren – die konnten so weit das Maul auch nicht aufreißen."

Ein Vorgeschmack auf *bella italia* war in der Eisdiele zu haben – statt Filterkaffee gab es Espresso und Cappuccino, und zu den bekannten Konditoreissorten wie Erdbeer, Vanille, Schokolade und Zitrone gesellten sich bislang unbekannte Kreationen wie Mocca und Pistazie. Eine Portion mit nach Hause zu nehmen, daran war übrigens noch gar nicht zu denken: Erst Anfang der Sechzigerjahre stand in der Hälfte der westdeutschen Haushalte ein Kühlschrank.

Heute hat das Eiscafé einen Platz im Bonner Haus der Geschichte. Detailgetreu restauriert, ist hier die Eisdiele der Familie Giacomel aus Hamburg aufgebaut – ein Fünfzigerjahre-Modell mit einem Tresen aus schwarzem Glas, Edelstahl und verspiegelter Rückwand. Von 1955 bis 1989, ergaben die Recherchen der Museumsmitarbeiter, war das „Giacomel" unverzichtbarer Bestandteil im Hamburger Universitätsviertel; Treffpunkt von Studenten und sogar Veranstaltungsort von Seminaren. In der Eisdiele stand auch ein Fernsehgerät, und wenn ein Spiel von Juventus Turin übertragen wurde, soll Lugia Giacomel ihren Stammgästen geraten haben, „heute Abend besser nicht" zu kommen.

Es gibt sie noch, die nahezu unveränderten Eiscafés. Im Düsseldorfer „Da Forno" zum Beispiel stehen immer noch der schöne altmodische Tresen und die alten Maschinen. Andernorts entwickelt man die Eisdiele weiter – in Kassel entstand mit dem „Zanetti e Cais" ein Eispalast in modernstem italienischen Design mit 500 Plätzen. In nicht wenigen Geschäften haben sich jedoch auch Scheußlichkeiten etabliert – verstörend gemusterte Polsterbänke und Plastikblumenarrangements. Und auch die Eisherstellung unterliegt längst nicht mehr überall den einfachen, aber umso schmackhafteren Rezepturen von früher. Auf der jährlichen Messe für handgemachtes Eis in Longarone, der „Mostra Internazionale del Gelato Artigianale“, stellen vor allem die Hersteller von Vorgefertigtem aus – für die schnelle Produktion empfehlen sie ihre Eispulver und -pasten, im Labor nachgebaute Aromen und geschmacksverstärkte Spezialmischungen, mit denen der Gelatiere sein Eis „personalisieren“ kann. Wie handgemacht eine Eissorte ist, muss der Konsument erfragen – oder durch Probieren herausfinden.

Eines ist für die meisten Eisdielenbetreiber beim Alten geblieben: Nach wie vor sind sie Saisonarbeiter, die sich neun endlose Monate im Jahr um ihr Geschäft kümmern, rund um die Uhr und ohne Ruhetag. In dieser Zeit müssen sie genug erwirtschaften, um auch im Winter über die Runden zu kommen – es lohnt sich nicht, das Geschäft das ganze Jahr über offen zu halten. Viele verbringen ihre Betriebsferien in Italien bei Familienangehörigen; die Gelatieri der Dolomitentäler Val di Zoldo und Cadore, aus denen seit Generationen Eismacher stammen, kehren in ihre Häuser zurück und beleben ihre nahezu verlassenen Dörfer.

Die schönste und die zwei erträglichen Jahreszeiten lang aber senken die Mitglieder dieser Zunft für uns den Portionierer ins Eis, bis die Handgelenke schmerzen; sie erfüllen Sonderwünsche und trotzen den Wespen – und am Ende ihres Einsatzes wartet nicht einmal ein Strandurlaub auf sie. Es dürfte also niemanden verwundern, wenn die Eisdielen eines Tages geschlossen blieben. Oder wenn ihre

Besitzer umsattelten und Pelzmäntel an Stelle von Amarena-Bechern verkauften. Ob aber eine saisonbedingt geschlossene Pelzdiele jemals so froh stimmt wie eine frisch ausgehängte Eisfahne?

# *Weltkulturerbe Wutanfall*

## Giovanni Trapattoni – Lösungen jenseits des Amoklaufs

Am 10. März 1998 ging Giovanni Trapattoni in die Luft. Auf einer Pressekonferenz knöpfte sich der damalige Trainer des Fußball-Erstligisten FC Bayern München drei seiner Spieler vor: Mario Basler, Mehmet Scholl und Thomas Strunz hatten ihn zuvor öffentlich kritisiert. Was der Coach zu sagen hatte, war schwer verständlich, aber nachvollziehbar: „Es gibt im Moment in diese Mannschaft, oh, einige Spieler vergessen ihnen Profi was sie sind", begann Trapattoni seinen legendären Monolog über die Arbeitsauffassung beim FC, der genau drei Minuten und zehn Sekunden dauerte und bis in die „Tagesthemen" gelangte.

Heute sind bedauerlicherweise nur noch wenige Elemente dieser Rede in Erinnerung. „Struuunz!" scheint sich gehalten zu haben, auch die Frage „Was erlauben Strunz?", die sich später der „Bild am Sonntag"-Chefredakteur Claus Strunz unter den Nagel riss, um seine Talk-Runde auf dem Nachrichtensender N-24 zu betiteln. Der schöne Vergleich „schwach wie eine Flasche leer" oder die Metapher „ich bin müde jetzt Vater diese Spieler" geraten jedoch langsam in Vergessenheit. Wenn sie nicht ganz verschwinden, ist das Christopher Keil zu verdanken, der die Pressekonferenz in seinem herrlichen Text „Zum 5. Jahrestag der Trapattoni-Rede" in der „Süddeutschen Zeitung" noch einmal Revue passieren ließ. Der Sportredakteur beschrieb hier auch, wie die versammelten Journalisten reagierten: „Einige kicherten, als Trapattoni gegangen war. Andere fanden, dass er sie in seiner Rage an Louis de Funès erinnert habe, den großen Ausraster. Die meisten verständigten ihre Redaktionen, was Routine ist, und sie erklärten, dass das, was sie gehört und gesehen haben, keine Routine gewesen sei, sondern etwas nie Erlebtes. Irgendetwas zwischen Tom und Jerry. Im Kabuff liefen die Wiederholungsschleifen vom Band, während Agentur- und Zeitungsjournalisten vereint versuchten, die Sätze des Zorns zu deuten: ‚... haben viele Kollegen. Stellen Sie diese Kollegen infrage. Haben keine Mut an Worten ...‘ Es war einer der Augenblicke, in denen es unwichtig war, für wen man arbeitete. Jeder war wichtig, jeder konnte in dem Silbensalat etwas entdeckt haben, das dem anderen half.“

Giovanni Trapattoni machte an diesem Tag nicht nur mit Worten Eindruck. Beeindruckend war auch, mit welchem Elan er seinen Ärger vortrug. Den Kopf zum Angriff nach vorn geneigt, schleuderte sein Blick Blitze, und immer wieder schlug er mit der flachen Hand energisch auf den Tisch. Es schien, als wollte er gleich aufspringen und Mobiliar zerstören, danach hinausstürzen und mindestens einen Spieler würgen, doch der 58-Jährige hatte sich zweifellos im Griff und nichts weiter als einen kontrollierten Wutanfall. Ein solches Bild ist selten in einem Land, in dem eiserne Selbstbeherrschung noch immer zu den größten Tugenden zählt und es „wer schreit, hat Unrecht“, heißt – obwohl das nun wirklich nicht stimmen muss.

Unsere gesellschaftlichen Umgangsformen sind grundsätzlich vernünftig: Es ist verpönt, Auseinandersetzungen tätlich zu regeln. Sie sollen ruhig und sachlich verlaufen, die Kontrahenten sich am Riemen reißen. Im Falle, dass man gedemütigt, hintergangen oder einfach nur ungebührlich geärgert wird, helfen die gängigen Verhaltensregeln jedoch oft nicht weiter. Die andere Wange hinhalten, besonnen Fairness einfordern, das sorgt kaum für bessere Laune. Türenknallen dagegen kann sehr befreiend wirken, um nur ein Beispiel zu nennen. Bloß ist Türenknallen auch verboten. Vielleicht walzen deshalb Deutsche dann und wann mit einem Trecker durch ein Behördengebäude oder gründen einen „Rache-Club" im Internet: weil sie keine Reaktionsmöglichkeiten zwischen Stillhalten und Amoklauf kennen.

Insofern erntete Giovanni Trapattoni beim deutschen Publikum nicht nur Gelächter, sondern gleichermaßen Bewunderung. So konnte es also auch gehen! Die nächste Gelegenheit, erneut wütend zu werden, ließ der Trainer selbstverständlich aus. Der FC Bayern kam über ein 0:0 gegen den Vfl Bochum nicht hinaus, doch Giovanni Trapattoni blieb ruhig. „Die Mannschaft hat gut reagiert", kommentierte er das Spiel – der Mann ist eben kein Choleriker.

Fünf Jahre später wandelte Bundestrainer Rudi Völler unvermittelt auf Giovanni Trapattonis Spuren. Nachdem die deutsche Nationalmannschaft ein elendiges EM-Qualifikationsspiel gegen Island abgeliefert hatte, brannten ihm die Sicherungen durch. Live in der ARD auf Sendung, wehrte er sich gegen die Kommentare aus der Meckerecke von Gerhard Delling und Günter Netzer. Der „rasende Rudi" („Tageszeitung") hatte vollkommen Recht. Gemessen an ihren tatsächlichen Möglichkeiten, waren die Erwartungen an seine Mannschaft überzogen. „Ich sitze jetzt seit drei Jahren hier und muss mir den Schwachsinn immer anhören", echauffierte er sich im Interview des heillos überforderten Sportreporters Waldemar Hartmann – das allerdings war dann auch schon fast der eleganteste Satz, den „Tante Käthe" formulierte. „Sauerei, Scheißdreck, Scheiß", brach es mehrfach aus ihm heraus. Giovanni Trapattoni dagegen war in seiner Attacke ohne Kraftausdrücke ausgekommen, das stärkste Wort hatte „Idiot" gelautet und sich auf ihn selbst bezogen: „Ein Trainer ist kein Idiot."

Am Ende eines denkwürdigen Fernsehabends blieb so nur Mitgefühl für Rudi Völler – das verdient jeder, der sich Waldemar Hartmann aussetzen muss. Aber Bewunderung? Nein, hierfür hatte Rudi Völler eindeutig zu wenig Spaß an seinem Auftritt gehabt.

Wer kann es besser und wäre mit etwas Training in der Lage, Giovanni Trapattonis Nachfolge anzutreten und deutsches Vorbild zu werden? Auf den neuen Bundestrainer Jürgen Klinsmann sollte man nicht setzen, bei dem ein Weinkrampf wahrscheinlicher als ein Tobsuchtsanfall ist. Aussichtsreichster Kandidat dürfte Felix Magath sein, der nicht nur mit ähnlichen Schwierigkeiten wie einst Giovanni Trapattoni hadert, sondern zu dessen Eigenschaften – mittlerweile – auch Contenance und Stolz zählen. Wir werden sehen, hören und staunen. Denn schließlich ist Fußball, nach Giovanni Trapattoni, „immer ding, dang, dong."

## *Innamorato di Marina*

### Als Flirt-Dolmetscher im Einsatz

„Da ist sie! O Gott, sie ist gekommen!“ Maurizio sah aus, als fiele er gleich in Ohnmacht. „Reiß dich zusammen“, zischte Guiseppe und versetzte Maurizio einen Stoß in die Rippen. Das konnte noch etwas werden. Das erste Rendezvous, und Maurizio in einer solchen Verfassung. Guiseppe betrachtete die junge Frau, die eben durch die Restauranttür getreten war und sich nun suchend umsah. Sie war wirklich sehr hübsch. Lange blonde Haare, schlank, recht groß – etwas größer als Maurizio, vermutete Guiseppe, aber das konnte auch an den Schuhen liegen. Er winkte ihr zu. Maurizio sprang auf und warf dabei seinen Stuhl um. „Anja!“ brüllte er und hatte offensichtlich schon wieder alles vergessen, was Guiseppe ihm eingetrichtert hatte.

Sie hatten viel geübt, seitdem Maurizio seinem älteren Freund von der Deutschen erzählt hatte. Sie kam meistens mittags in den Gemüseladen, in dem Maurizio arbeitete, sie war wunderschön, charmant und einmalig. Leider sprach sie genauso wenig italienisch wie Maurizio deutsch – nach knapp drei Monaten in F. wollte Maurizio nun bestimmt einen Abendkurs belegen. Später würden sie hoffentlich in Italien leben, aber im Moment musste er sie erst einmal kennen lernen. Guiseppe, der dem 22-jährigen Sohn seines Schwagers bereits den Job im Gemüseladen vermittelt hatte, sollte dabei helfen. Begeistert war er darüber nicht. Der Junge hatte ohnehin noch so viel zu lernen, und nun verzettelte er sich in dieser Schwärmerei! Das konnte noch etwas werden. „Langsam“, schärfte er ihm ein, „du musst das ruhig angehen. Nichts überstürzen! Du weißt doch nichts über sie, nicht einmal, wie sie heißt!" Doch, das wusste Maurizio: „Anja." Wirklich, das hatte er ganz allein hinbekommen, sich freundlich vorgestellt. Sie hatte hinreißend gelächelt und ihren Namen gesagt. Seither begrüßte sie ihn auch jedes Mal. Guiseppe gab auf. Der Junge war entflammt – Guiseppe hatte nun die Pflicht, ihn nach Kräften zu unterstützen. „Darf – ich – dich – zum – Essen – einladen?", sprach er ihm vor. Maurizio kam schon am nächsten Tag mit der guten Nachricht: Sie hatte „ja" gesagt und den Zettel mit der Adresse eingesteckt. Danach hatte sie etwas gefragt, und er hatte sicherheitshalber auch „ja" gesagt.

„Guten Abend. Ich freue mich, Sie kennen zu lernen." Guiseppe war aufgestanden und gab Anja die Hand. „Angenehm", sagte Maurizios Traumfrau. Sie wirkte irritiert. Offensichtlich hatte Maurizio den auswendig gelernten Satz „Ich bringe einen Freund mit" nicht angewandt. Guiseppe bat Anja, Platz zu nehmen und gab Maurizio unter dem Tisch einen sanften Tritt, den dieser richtig interpretierte. „Vino?", fragte er und füllte Anjas Glas. „Salute", sagte Guiseppe. Sie tranken einen Schluck, dann herrschte Schweigen. Anja starrte verlegen auf den Tisch, Maurizio grinste blödsinnig. Sie mussten schnell etwas essen. Wenn es ihr recht sei, erklärte Guiseppe Anja, wolle er den Wirt bitten, ein Menü für sie drei zusammenzustellen. „Es wird sehr gut, verlassen Sie sich darauf. Renzos Koch ist fantastisch." Zu Maurizio sagte er: „Frag' sie etwas. Was sie beruflich macht, ob sie schon einmal in Italien war, egal. Frag' sie, und ich übersetze."

Er wolle alles wissen, sagte Maurizio und begann zu fragen. Bis die Vorspeise kam, war eine kleine Konversation in Gang gekommen. Anja, erfuhren die Männer, kannte Italien nur von einem Familienurlaub her. Es war sehr schön gewesen. Sie hatte eine ältere Schwester und arbeitete bei einem Kinderarzt. Meistens waren die Mütter ängstlicher als die Patienten. Sicher wollte sie eines Tages auch eigene Kinder. Sie war 21 Jahre alt, mochte Musik und tanzte gern.

Und sie war schüchtern, stellte Guiseppe fest. Sie sprach leise, hielt die Gabel viel zu fest zwischen den Fingern und wurde immer wieder rot, wenn Maurizio sie anlächelte. Am besten ging er gleich nach dem Hauptgericht, um die Romantik nicht unnötig zu stören. „Sag' ihr, dass ich auch gern Kinder haben möchte", seufzte Maurizio. „Er tanzt auch gern", übersetzte Guiseppe und entschied sich, mindestens bis zum *caffé* zu bleiben. Maurizio habe lange keine Gelegenheit mehr gehabt zu tanzen, fuhr er fort, er kenne sich in F. ja auch noch nicht aus. Außerdem möge er keine Diskotheken, er tanze lieber klassisch. „Tanzen heißt für ihn, man will mit dem anderen harmonisieren, gemeinsame Schritte tun, einander vertrauen." Anja nickte und sah Maurizio zum ersten Mal länger als zwei Sekunden an. „Was hast du gesagt?", wollte Maurizio wissen. „Etwas Vernünftiges. Noch einmal: Nichts überstürzen! Du verschreckst diese bezaubernde junge Dame, wenn du dich nicht zusammennimmst. Siehst du denn nicht, wie scheu sie ist? Klatsche in die Hände", – Guiseppe klatschte laut – „und sie ist verschwunden."

Anja verschwand nicht, aber sie sah verunsichert aus. Guiseppe entschuldigte sich. Er habe sich über sich selbst geärgert. „Da erzähle ich, und Sie wollen doch bestimmt auch etwas fragen." Anja wehrte ab, aber Guiseppe ließ nicht locker. „Ich helfe Ihnen. Womit beginnen wir – wollen wir Maurizio erst einmal nach seiner Familie fragen? Er ist ein bisschen schüchtern, müssen Sie wissen." Sie kicherte verlegen, aber ganz entzückend, fand Guiseppe. „Bitte sagen Sie ihm das nicht", sagte Anja, „aber deshalb bin ich überhaupt gekommen. Das war so nett, mit dem

Zettel. Ich bin froh, dass er ein zurückhaltender Mensch ist." Guiseppe lächelte gütig und wandte sich an Maurizio. „Siehst du! Sie möchte etwas über deine Familie wissen. Erzähl uns etwas!"

Als *caffé* und Grappa vor ihnen standen, war Guiseppe sehr zufrieden. Maurizio hatte sich verständig gezeigt. Er gab sich Mühe, Anjas Herz zu gewinnen. Das deutsche Mädchen wiederum hatte seine große Angst abgelegt und inzwischen sogar mehrmals laut gelacht. Guiseppe dolmetschte fröhlich hin und her. Der Abend verlief erfreulicher, als er gedacht hatte. Das Eis war längst gebrochen. Wenn beide Sprachkurse machten, überlegte er, wäre er in ein paar Wochen überflüssig, aber er würde sicherlich Trauzeuge werden.

Sie waren mittlerweile die letzten Gäste. Renzo servierte eine weitere Runde Grappa und setzte sich zu ihnen. Es sei jetzt an der Zeit, ihnen die neue Stereoanlage vorzuführen, verkündete der Wirt. „Sie lieben Musik", sagte er zu Anja auf Deutsch, „das fühle ich." Guiseppe fühlte, dass er Maurizio nichts übersetzen musste – der kochte bereits vor Eifersucht. „Spiel uns ein schönes Lied vor", bat er Renzo. Renzo zog eine Fernbedienung aus der Hemdtasche und drückte, hinterhältig grinsend, einen Knopf. „Mi son' innamorato di Marina", tönte es aus den Lautsprechern. Maurizio verdrehte die Augen; er sah Anja an, die Entsetzen schauspielerte, und musste lachen. „Ein wunderbares Lied!", brüllte Renzo gegen seine Stereoanlage an, „los, alle mitsingen!" Guiseppe schüttelte den Kopf, nahm aber sofort die Melodie auf. „Stopp!", rief er plötzlich. Renzo drückte die Pausentaste. „Anja, kennst du das, Marina?" Sie nickte. „Doch, aber ich kann nicht mitsingen." – „Dann bringen wir dir jetzt den Refrain bei. Renzo, schalt wieder ein!"

Während „Marina" weiterlief, übersetzte Guiseppe die Zeilen des Refrains für Anja. Er übergab elegant an Maurizio, der nun mit ihr üben sollte. Renzo spielte das Stück erneut ab, und der Chor kam zu seinem ersten Einsatz. Ein ums andere Mal begannen sie von vorn, wobei Guiseppe dirigierte, Renzo unterbrechen ließ, Maurizio kritisierte und Anja lobte. Ausgelassen sangen sie, bis sie genug hatten.

Nun war es gut, sagte sich Guiseppe. Er stand mit Renzo vom Tisch auf und zahlte die Rechnung, bevor Maurizio protestieren konnte. Dann schob er die jungen Leute hinaus auf die Straße. Er bedankte sich bei Anja für den schönen Abend. Er hoffe, sie bald wiederzusehen, sagte er ihr und küsste sie auf beide Wangen. Maurizio wies er an, Anja zum Taxistand zu begleiten und danach zurückzukehren: „Und du tust nichts anderes, hörst du mich? Du fasst sie nicht an, du versuchst auf keinen Fall, sie zu küssen. Klar?“

Maurizio strahlte Anja an und machte sich mit ihr auf den Weg. Guiseppe sah den beiden nach. „Marina, Marina, Marina“, summte er. Er hörte Anja lachen – Maurizio war ein Teufelskerl, wie hatte er das bloß gemacht? Jetzt blieben die beiden stehen. „Maurizio, sei kein Idiot“, flüsterte Guiseppe. Aber doch, das war er, denn eben fiel Maurizio vor Anja auf die Knie und streckte ihr die Hände entgegen. Anja blieb noch einen kleinen Moment stehen, dann rannte sie davon, zum Taxistand. Guiseppe warf seine Zigarette auf den Boden und zertrat sie: Das konnte noch etwas werden.

## *Die Leiden des jungen Teigfladens*

### Pizza in Zeiten der Tiefkühltruhe

Noch in jedem Jahr werden wir mindestens eines Lebensmittelskandals gewahr. Da findet sich asiatisches Menschenhaar in Brötchen, ist der Wein mit Glykol versetzt, das Paprikapulver mit Ziegelsteinen und Rostschutzfarbe gestreckt. Zu Recht wird dann gefordert, die Lebensmittelproduktion müsse besser überwacht und traditionelle Herstellungsweisen müssten wieder belebt werden; auch sollte etwa ein Huhn wie ein Huhn aufwachsen dürfen, auf dass es überhaupt nach etwas schmecke.

Warum aber bleibt der Pizzaskandal aus? Kaum ein Nahrungsmittel wurde in den letzten Jahren so malträtiert wie die berühmte italienische Spezialität. Dabei lässt gerade sie sich trefflich nach jahrhundertealten, bis heute bewährten Methoden aufziehen. Mit Mehl, Salz und etwas Olivenöl gefüttert, mit klarem Wasser getränkt und von sensiblen Pizzazüchterhänden massiert, so wächst eine Pizza artgerecht heran. Damit sie ihr natürliches Volumen erhält – zusätzliche Wachstumsmittel sind verpönt –, muss man ihr nur Zeit lassen. Und erst wenn sie das ausrollfähige Alter erreicht hat, erhält sie schön gereifte Tomaten, Büffelmilchmozzarella und anderen Belag erster Güte. Eine ausgewachsene Pizza erreicht einen Durchmesser von circa 30 Zentimetern.

Eine gesunde Pizza erkennt man bereits an ihrem appetitanregenden Duft. Die Tomaten leuchten klar, der Käse ist leicht geschmolzen, aber nicht vollständig zerflossen. Auf Fingerdruck gibt die Pizza leicht nach und ist verflucht heiß. Sie verfügt über einen kleinen Rand, ihr Boden ist gleichmäßig dünn, von angenehm gebräunter Farbe und knuspriger Konsistenz.

Zu den besonderen Eigenschaften der Pizza zählt, dass sie vollkommen unabhängig von ihrer Umgebung gedeiht. Diese Erfahrung machten süditalienische Auswanderer, die um die Jahrhundertwende herum in die USA einreisten. Selbst in New York, das sehr kalte Winter vorzuweisen hat, konnten sie die Pizza eingewöhnen und, mehr noch, ihre neuen Landsleute von der Schmackhaftigkeit dieses Imports überzeugen.

So großer Beliebtheit erfreute sich die Pizza in den Vereinigten Staaten, dass sie von hier aus auch nach Nordeuropa und selbst Norditalien gelangte. Im Zuge ihrer Ausbreitung kam es jedoch bedauerlicherweise zu Modifikationen. Die erste einschneidende Veränderung ergab sich mit Hilfe der Tiefkühltechnik. Der Werdegang einer Pizza, so stellte sich heraus, war problemlos dort zu unterbrechen, wo sie, in ihrer ursprünglichen Form, in den Ofen geschoben wird. Anstatt den natürlichen Kreislauf einzuhalten und sie zu backen, taten skrupellose Produzenten nun genau das Gegenteil – sie froren ihre Pizzas ein. Eingeschweißt in eine Plastikhülle, verpackt in einen flachen Pappkarton, gelangten Abermillionen junge Pizzas an die Konsumenten, wo sie in zu niedrig temperierten Öfen eher traurige Gestalt annahmen.

In der Massenproduktion ging es darüber hinaus auch an die Substanz der Pizza. Mechanik ersetzte menschliche Hände. Emulgatoren kamen hinzu, Stabilisatoren wurden ins Futter gemischt. Und beim Belegen der Pizza, jener wichtige Phase, wurde kräftig gespart – nicht nur in der Menge, sondern auch in der Güte. Statt Mozzarella und Schinken bekamen die neuen Züchtungen billigen Gouda und Formfleisch. Farbstoffe und Aromen glichen aus, was der Pizza an Geschmack und Schönheit genommen war.

Aber nicht nur die Industrie griff in die Pizzaevolution ein. Auch kleine gastronomische Betriebe unternahmen verbrecherische Experimente, in deren Verlauf unter anderem die blechkuchenhohe und die matschige Pizza entstanden. Als wäre das nicht genug, versuchten sich bald alle, kleine wie große, an Kreuzungen mit anderen Lebensmitteln und überschwemmten den Markt mit Pizza Hawaii, Pizza Bolognese und Pizza Barbecue Chicken. Sogar eine Pizza Chicken Curry ist zu haben sowie, neuerdings, Pizza mit Soljanka und Pizza-Leberkäse. Der Tiefkühlpizzahersteller Dr. Oetker („Pizza Pasta") will nun sogar „innerhalb von drei Jahren" den Marktführer in Italien „angreifen", so die Geschäftsführung im März 2004. Die italienische Konkurrenz heißt Buitoni und fabriziert als Nestlé-Tochter sicherlich nichts Besseres als Dottore Oetker – der Verlierer der Schlacht wird der Verbraucher sein.

Trotzdem hat der Kampf gegen die Mutationen begonnen: Rechtschaffene *pizzaioli*, vereint in der „Associazone Verace Pizza Napoletana" (AVPN), wehren sich gegen die andauernde Hefemisshandlung. Die Verfechter der echten Pizza bemühen sich um ein offizielles italienisches Gütesiegel für die „Pizza napoletana". Sie verstehen sie als Kulturgut, das in seiner Schlichtheit unübertrefflich ist und nicht unnötig verändert werden muss. „Wir möchten gern allen anderen zeigen, wie man die echte neapolitanische Pizza macht. Es kommt darauf an, dass man sie überall machen kann und das auf bestmögliche Weise", erklärte AVPN-Präsident Antonio Pace im „Voyage"-Jahrbuch. „Krampfhaft" etwas Neues kreieren zu wollen, gehöre „zum Schlimmsten, was überhaupt passieren kann, nicht nur bei der Pizza, sondern in der Küche überhaupt." Und da es nach Antonio Pace nur zwei Erfindungen auf der Welt gibt, die nicht mehr zu verbessern sind – das Rad und die Pizza –, sind die Anforderungen der AVPN an eine echte Pizza streng, aber gerecht.

Ihre Pizza-Definition liest sich wie ein Rezept, das keine Fragen offen lässt. Ganz genau ist beschrieben, wie der *pizzaiolo* mit seinem Material umzugehen hat. Wie die Hefe behandelt wird, welche Mehl- und Olivenölsorte zulässig ist, wie lange der Teig gehen soll, wie der Ofen beschaffen sein muss – selbst Durchmesser (maximal 35 Zentimeter) und Dicke (0,3 Zentimeter in der Mitte, ein bis zwei Zentimeter am Rand) der Teigscheibe sind festgelegt. Außerdem, was überhaupt auf ihr Platz finden darf: Eine neapolitanische Pizza kennt weder Salami noch Schinken. Als „Pizza Marinara“ lebt sie allein von Tomaten, Oregano, Knoblauch und Olivenöl, die „Margherita extra“ ist mit Tomaten, Büffelmozzarella und Basilikum belegt, auf die einfachere „Margherita“ darf auch einfacherer Mozzarella.

300 neapolitanische Pizzabäcker traten dieser Initiative in ihrem Gründungsjahr 1984 bei, inzwischen schlossen sich Betriebe in den USA, Frankreich, Ungarn und Japan an. Und auch im äußersten Süden dieser Republik pflegt die Belegschaft einer Pizzeria satzungsgemäß alte Traditionen – in der kaufbeurischen „Pergola“ von Ingrid Josowic. Carmine d'Elia, Ingrid Josowics Mann am Holzofen, stammt aus Kampanien und ist Pizzabäcker in der vierten Generation. Er war es, erzählt sie, der die AVPN-Mitgliedschaft vorschlug, stellt er doch ohnehin höchste Ansprüche an seine Kunst. „Und er ärgert sich so über schlechte Pizzen!“ Selbstverständlich habe sie trotzdem Pizza mit Schinken oder Salami im Angebot, auch die „Quattro Stagioni“ mit vier Käsesorten sei gefragt. Dank Carmine d'Elia aber – „wenn man ihn aufschneidet, kommt kein Blut, sondern Mehl heraus“ – wissen ihre Gäste auch die Klassiker zu schätzen.

Die deutsch-italienischen Pizza-Pioniere sind noch in der Minderheit. Aber das waren die Hüter, Wächter und Pfleger längst vergessen geglaubter Apfelsorten oder des schwäbisch-hallischen Landschweins hierzulande auch. Inzwischen sind Obst und Borstenvieh jedoch wieder zu haben und gefragt: Der Geschmack macht's. Es kann also – *forza, pizzaioli* – nur aufwärts gehen. Und wer gelernt hat, dem wunderbaren Einklang von Tomaten, Käse und Gewürzen nachzuschmecken, der bestellt die Ananas zum Nachtisch.

## *Luftmöbel fürs Wolkenkuckucksheim*

### Italienisches Design zum Aufblasen

Von Harald Fricke

Wieviele Exemplare damals nach Deutschland geliefert wurden, weiß heute niemand mehr so genau. Aber in Amerika war der „Blow Chair", den das Designerteam Jonathan De Pas, Donato D'Urbino und Paolo Lomazzi 1967 für die italienische Möbelfirma Zanotta entworfen hatte, sofort ein Verkaufsrenner. Schon im Jahr seiner Entstehung wurde der aufblasbare Sessel aus PVC in den USA einige zehntausendmal abgesetzt. Dabei mag der Stückpreis auch eine Rolle gespielt haben: Wer würde bei Möbeln für knapp zehn Dollar noch lange zögern?

Die Deutschen taten sich dagegen schwer mit dem Pop-Design fürs Wohnzimmer. Aufblasbar waren bislang nur die Luftmatratzen von Metzeler gewesen, die man für unerwartete Gäste zur Übernachtung parat hielt oder die man als Schlafunterlage mit in den Urlaub nahm. Deutscher Tourismus, wie er sich in den Fünfziger- und Sechzigerjahren auf Campingplätzen vor allem in Italien zum Massenphänomen auswuchs, wäre ohne das Luftkissen aus Gummi praktisch nicht zu denken gewesen. Gern erinnert man sich an das leise Schnorcheln, mit dem die Matte zu einem irgendwie passablen Bett aufgeblasen wurde. Gut eine Viertelstunde musste mancher Familienvater auf den Blasebalg treten, dann war die 190 x 60 x 8 Zentimeter große Matratze einigermaßen in Form gebracht. Meist musste der Vorgang mehrmals wiederholt werden, weil der Stöpsel nicht schnell genug befestigt werden konnte und eine nicht zu unterschätzende Menge an Luft entwich.

Aber selbst eine schlaffe Schlafstatt, die an den empfindlichen Stellen sofort durchgelegen war, machte sich für die ersten Fahrten ins Ausland prima.

Zanotta hatte mit seinen Möbeln jedoch weit anderes im Sinn gehabt, als lediglich verschüchterte Urlauber aus Deutschland zu beglücken. Der „Blow Chair“ sollte die Wohnzimmer der gesamten westlichen Welt in ein utopisches Environment verwandeln: Sessel aus Luft, mit nichts drumherum als einer transparenten Hülle aus Plastik, die keine Ecken besaß, sondern abgerundet war wie ein überdimensionaler Hüpfball – so sah Mitte der Sechzigerjahre die Zukunft aus. Plötzlich war praktisch jeder Gegenstand in einer aufblasbaren Variante zu haben: Lampenschirme und selbst Kleider wurden aus dem federleichten Material gefertigt, 1970 gab es auf der Weltausstellung in Osaka sogar Pavillons, die nach dem Prinzip der runden Sternwarten ganz und gar aus einer PVC-Hülle bestanden.

Mit dem „Blow Chair“ kamen nicht nur Materialien des Space Age auch im Privathaushalt zum Einsatz. Das Möbelstück war selbst daheim ein Symbol für den Fortschritt durch Technik. Man flog zwar nicht gleich mit ins All, konnte nun aber praktisch vom eigenen Wohnzimmer aus sitzenderweise am Weltraumprogramm teilhaben. Zudem war die Vorstellung vom Fliegen stets an hinfort schwebende Hüllen gekoppelt gewesen: Waren nicht die Brüder Montgolfier schon im 18. Jahrhundert mit einem Heißluftballon in den Himmel aufgestiegen? Insofern schlug der „Blow Chair“ eine Brücke zwischen irdischem Dasein und der Sehnsucht nach dem fernab liegenden All. Couchpotatoes konnten zu Astronauten werden, ohne sich vom Fleck rühren zu müssen. Darin mag auch für viele US-Amerikaner in Zeiten von NASA- und Apollo-Wahn der Reiz an dem neuen Mobiliar gelegen haben. Die Mondlandung war bekanntlich ein kleiner Schritt für den Menschen, der

„Blow Chair“ aber brachte einen immensen Sprung in der Geschichte der Menschheit.

Außerdem war kein anderer Sessel dermaßen sexy. Sobald man sich auf dem PVC niederließ, fing das Plastik seltsam obszön zu knarzen und ächzen an. Ein bisschen mit dem Hüftspeck hin und her gerückt, schon machte das Kissen delikatere Geräusche als jedes Sofa aus Knautschlackleder. Zurecht war der „Blow Chair“, so haben es zumindest seine Erfinder beschrieben, „ein Lufthauch, auf dem man es sich bequem macht.“ Entsprechend hatte auch das Design etwas Erregendes, waren die Armlehnen einladend wie ein erotisches Spielzeug geformt, phallisch durch und durch. Es mag ein Trugschluss der Erinnerung sein, aber saß nicht auch Jane Fonda in Roger Vadims Science-Fiction-Film „Barbarella“ auf einem aufblasbaren Sessel und ließ dazu ihre Beine lasziv über den Kissenrand baumeln?

Soviel Freizügigkeit stellte das deutsche Wohnwesen natürlich vor enorme Probleme – soll man, kann man, darf man Möbel kaufen, die nicht für die Ewigkeit gebaut waren, aber im Hier und Jetzt einfach nur mächtig Spaß mit sich brachten? Obwohl der „Blow Chair“ von De Pas/D’Urbino/Lomazzi als erstes aufblasbares Designobjekt in der Absicht konzipiert worden war, dass es außerhalb streng elitärer Kreise massenweise verbreitet werden konnte, griffen in Deutschland zunächst allein ein paar besser begüterte Kulturbürger zu, als der Sessel hierzulande auf den Markt kam. Von Nachfrage keine Spur, der Progress hielt sich in Grenzen: Den „Blow Chair“ sah man höchstens im „Stern“, wenn für eine Reportage Fotos bei Charles Wilp oder anderen Künstlerexistenzen gemacht wurden. Dort schien das Stück gut ins Ambiente aus Flokatiteppichen, Makrameeblumenampeln und Lavalampen zu passen. Neben der echt deutschen Rustikal-Schrankwand aus Eiche hätte der schrille PVC-Sessel eher wie ein UFO gewirkt.

Entsprechend war man äußerst argwöhnisch gegenüber den Besitzern von solchem Mobiliar. Als die Nachbarn in Esslingen sich 1971 einen „Blow Chair" kauften, wurde im Haus bald gemutmaßt, dass in deren Wohnung wohl wüste Partys gefeiert würden. Der Sessel schien einem Lebensstil zu entsprechen, der aus Partnertausch und Saufgelagen bestand. Dazu kam dann auch die skandalöse Tatsache, dass der Sohn der Familie mit dem „Blow Chair" nach Abschluss der ersten Grundschulklasse auf die Waldorf-Schule kam, weil er – so munkelte man im Vorort von Stuttgart damals – „viel zu dumm war für eine richtige Schule." Der aufblasbare Sessel schien etwas Ähnliches anzudeuten: Wer ihn besaß, der führte offenbar kein ehrbares Dasein, sondern hing lieber flüchtigen Moden und Trends oder weit schlimmeren Grillen nach: Luftmöbel für ein Wolkenkuckucksheim!

Richtig ansässig wurde der „Blow Chair" in deutschen Wohnzimmern jedenfalls nie. Als sich im Verlauf der Siebzigerjahre die Sitten lockerten und mit ihnen auch die Vorstellungen eines zeitgemäß eingerichteten Zuhauses, stieg zwar das Interesse an den italienischen Sesseln. Aber statt in der Wohnung landeten sie meistens im Garten oder im Swimmingpool. Dort war in Deutschland Platz für kuriose Designobjekte: Der „Blow Chair" fungierte als überdimensionaler Schwimmring, in dem es sich auch der Papa bequem machen konnte. Wer besonders geschickt war, konnte sogar sein Bier sicher in einer Falte zwischen Lehne und Sitzfläche befestigen.

Seither ist das Misstrauen geblieben. Noch immer gilt Design aus Italien von Friesland bis nach Bayern als windige Angelegenheit. Namen wie Joe Colombo, Gaetano Pesce oder Giorgetto Giugiaro klingen fremd für Ohren, die sich nur dann spitzen, wenn irgendwo das Wort „Wertarbeit" fällt oder wenigstens ein dänischer Slogan. Die Mailänder

Möbelmesse wird von den meisten Zeitungen nur wohlwollend wahrgenommen, als ein exotisches Beisammensein von Spinnern, die schlimmstenfalls auch hiesige Wohnzimmer einrichten. Alfa Romeo? Rostet ohnehin viel zu schnell, egal was die Testberichte darüber schreiben. Nur mit Ferrari hat man in Deutschland seinen Frieden gemacht, wenn auch bloß, weil Michael Schumacher für die Marke fährt. Ansonsten ist südlich der Alpen alles Memphis, oder was?

Nun versteht sich aber auch der noch so avantgardistische Sessel aus Italien keineswegs als traditions-, ach was, gottloses Möbelstück. Schließlich war der „Blow Chair“ von Zanotta ja extra in Auftrag gegeben worden, um sich damit den Markt zu erobern, und der Erfolg in den USA gab diesen Überlegungen Recht. Nicht von ungefähr hatte man bei der Entwicklung an die Ideen des Bauhaus gedacht: Die Form sollte sich ganz nach der Funktion richten. Das neue Material war billig, PVC ließ sich an den Nähten leicht mit einer heißen Nadel verschweißen; unaufgeblasen nahm der Sessel kaum Platz ein, konnte aber für Gäste zu jeder Zeit mühelos hergerichtet werden. Anders als sein Nachfolger: Bereits 1968 hatten De Pas, D'Urbino und Lomazzi den sehr viel kostspieligeren Sitzsack mit Styroporfüllung entworfen, der zwar weit weniger bequem war und längst nicht so flexibel. Trotzdem finden sich noch heute Nachfolgemodelle des „Sacco“ in unzähligen Kinderzimmern der Republik.

Dagegen ist der „Blow Chair“ zu einer gesuchten Rarität geworden. Wenn man in den teuren Second-Hand-Möbelläden am Frankfurter Mainufer oder in Berlin Mitte unterwegs ist, kann man zwischen Olivetti-Schreibmaschinen und Alessi-Kaffeekannen ab und zu noch auf ein Exemplar stoßen; und im Internet werden „Blow Chairs“ bei ebay im Schnitt für gut 400 Euro gehandelt. Als „Das MoMA in Berlin“ für sieben Monate im Jahr 2004 der

Star war, gab es im Berliner Kunstgewerbemuseum eine zusätzliche Ausstellung mit „Design seen at MoMA". Dort stand der „Blow Chair" wiederum in direkter Nachbarschaft neben den klassischen Stühlen von Charles und Ray Eames oder der eleganten Chrom-Liege von Mies van der Rohe. Offenbar hat Amerika doch früher die Zeichen der Sixties erkannt. Hergestellt werden die „Blow Chairs" übrigens nach wie vor. Wer will, kann sie sich unter www.zanotta.it anschauen – und kaufen.

## *Importierte Seligkeit*

Olivenölkenner im Test

Die Zeiten, in denen Deutsche die Fenster schlossen, sobald die italienischen Nachbarn Olivenöl in die Pfanne gegeben hatten, sind längst vorbei. Auch die älteren Semester wissen inzwischen, dass Olivenöl gesund ist; manchen schmeckt es sogar. In den späteren Generationen, die wie selbstverständlich mit italienischem Essen aufgewachsen sind, finden sich bereits viele Olivenölkenner – doch Obacht! Deutsche Kenner des italienischen Olivenöls unterscheiden sich voneinander – so wie eben auch küchentaugliche Olivenöle, die nach einer Verordnung der Europäischen Union als „Olivenöl", „Natives Olivenöl" und „Natives Olivenöl extra" kategorisiert werden. Im folgenden Test finden diese Richtlinien Anwendung auf deutsche Olivenölkenner. Von unten aufsteigend, beginnen wir mit der dritten Güteklasse. Ort des Geschehens ist ein kleines Delikatessengeschäft in Berlin-Neukölln.

*Kundin:* Haben Sie Olivenöl?

*Verkäufer:* Welches möchten Sie denn, griechisches oder italienisches?

*Kundin:* Eigentlich italienisches.

*Verkäufer:* Beides müsste da drüben im Regal stehen.

*Kundin:* Ich guck mal. Ach, da ist es ja. Wie ist denn das griechische Öl?

*Verkäufer:* Sehr gut. Es ist aus Kreta, auch ein extra natives. Ich kann es genauso empfehlen. Übrigens, wenn

Sie sonst italienisches Öl nehmen, haben Sie wahrscheinlich auch schon kretisches verwendet – die großen italienischen Produzenten veredeln ihr Öl nämlich damit.

*Kundin:* Dann probiere ich das mal, zur Abwechslung.

Zu Recht landet diese Kundin in unserem Kennertest auf der niedrigsten Stufe. Offensichtlich ist sie völlig unvorbereitet ans Werk gegangen. So wie einfachem Olivenöl nach seinem Aufenthalt in der Raffinerie die Inhaltsstoffe fehlen, mangelt es dieser Dame an elementaren Grundkenntnissen. Und so wie dem einfachen Öl ein Spritzer natives Olivenöl beigemengt wird, hat sich unsere Testperson nun etwas Wissen über Olivenöl zugelegt – aber das falsche Produkt gekauft. Es ist noch ein weiter Weg zur nächsthöheren Klasse mit dem Titel „nativ“, die wir nun vorstellen. Ort der Handlung ist ein Delikatessengeschäft in Hamburg.

*Kundin:* Haben Sie noch das gute Olivenöl?

*Verkäufer:* Welches denn, das griechische oder das italienische?

*Kundin:* Na, das italienische natürlich.

*Verkäufer:* Das müsste da drüben im Regal stehen.

*Kundin:* Ich guck mal. Ach, da ist es ja. Das ist wirklich wun-der-bar, dieses Öl. Nicht ganz so gut wie das, was wir sonst nehmen, aber ...

*Verkäufer:* Das griechische ist übrigens auch sehr gut.

*Kundin:* ... wir kommen ja im Moment einfach nicht nach unten. Schon schade, ich vermisse auch die Landschaft und die Leute, und es macht wirklich Spaß, bei einer echten Ölmühle zu kaufen.

*Verkäufer:* Bestimmt. Wo kaufen Sie denn in Italien ein?

*Kundin:* In der Toskana. Billig ist das da ja auch nicht. Aber man weiß genau, was man hat. Gerade italienisches Öl wird ja oft verschnitten, da ist dann noch wasweiß-ich-was mit drin.

*Verkäufer:* Unser Importeur ist zuverlässig. Und wenn Sie zum Beispiel bei dieser Flasche mal aufs Etikett schauen, sehen sie eine Herkunftsbezeichnung für die Oliven –

*Kundin:* Also, es geht einfach nichts über ein unverfälschtes *extra vergine*, wirklich.

*Verkäufer:* Wie gesagt, dieses griechische ist auch sehr gut. Aus Kreta. Ich kann es genauso empfehlen.

*Kundin:* Kreta? Nein, wir nehmen nur italienisches. Meine kleine Tochter liebt das auch sehr. Sie tunkt immer Weißbrot ins Öl, und das mit sechs Jahren! Und jetzt hat sie gesagt: Mama, hol' doch bitte noch etwas von dem guten Olivenöl – schon jetzt ein kleiner Gourmet, nicht wahr?

*Verkäufer:* Das macht 15 Euro, bitte.

Unter Olivenöl der Marke „nativ" versteht man ein naturbelassenes Olivenöl, das sich kleinere Fehler erlauben darf. Die liegen hier vor: Zwar hat sich unsere Olivenölkennerin in spe bereits unumstößlich für italienisches Öl entschieden und die Nase gegenüber dem Verkaufspersonal vorn, doch ist sie in ihrer Leidenschaft für das so genannte grüne Gold noch nicht konsequent genug. Das Töchterchen allerdings, das lässt sich jetzt schon sagen, wird den allerhöchsten Rang mühelos erreichen. Der extra native Olivenölkenner – unser Exempel spielt vor einer Freiburger Kulisse – sieht nämlich so aus:

*Kundin:* Haben Sie ein anständiges *extra vergine*?

*Verkäufer:* Sicher. Ein griechisches oder ein italienisches?

*Kundin:* Ein italienisches, möglichst aus Frantoio-Oliven. Am liebsten aus den Marken, sonst aus Umbrien.

*Verkäufer:* Olivenöl finden Sie da drüben im Regal.

*Kundin:* Ich guck mal. Ach, aha. Aus den Abruzzen. Das hat natürlich einen ganz anderen Geschmack.

*Verkäufer:* Das griechische ist übrigens auch sehr gut.

*Kundin:* Ja, die versuchen's jetzt auch, ich weiß. Sie haben nicht zufällig eine Idee, wo ich hier Frantoio-Olivenöl bekomme? Es ist nun mal das Beste – wird ja auch von der gehobenen Gastronomie verwendet. Die würden das nie sagen, das ist deren kleines Geheimnis ... Aber ich weiß von einem Freund, der Restaurantkritiker ist, dass fast alle Spitzenköche Frantoio-Olivenöl aus den Marken nehmen. Das macht eben den Unterschied, nicht?

*Verkäufer:* Es gibt auch palästinensisches Olivenöl.

*Kundin:* Was? Jetzt nehmen Sie mich auf den Arm.

*Verkäufer:* Nein, wirklich. Und ein Koch, den ich kenne –

*Kundin:* – wenn ich jetzt da unten in unserem Häuschen wäre, dann wäre dass alles gar kein Problem. Ich müsste nur kurz bei Vito vorbeifahren. Und der macht so ein erlesenes Öl, nach einem uralten Verfahren. Er hat es von seinem Vater gelernt und der von seinem Vater. Sie sollten mal die Bäume sehen, einfach herrlich. Frantoio, übrigens. Und das Öl schmeckt! Es hat eine wunderbare Farbe, einen schönen grünen Ton, und es gibt keine bittere Note im Nachgeschmack.

*Verkäufer:* Das klingt wirklich gut.

*Kundin:* Das klingt nicht nur gut, das ist gut, glauben Sie mir.

*Verkäufer:* Sagen Sie bitte – hat dieser Vito schon einen Importeur in Deutschland?

# *Geführte Kugeln auf Glasersand*

## Das Bocciodromo von Stuttgart

Setzen, Raffa, Volo: Mit drei verschiedenen Wurftechniken geht man beim Boccia zu Werke. Der Spieler kann seine Kugel mit viel Gefühl möglichst dicht an den so genannten Pallino, die kleine Zielkugel, rollen lassen. Er darf aber auch mittels Raffa- und Volowürfen einen Radau verursachen – indem er gegnerische Kugeln oder auch den Pallino mit Schmackes aus dem Weg räumt, wofür er tüchtig Anlauf nehmen kann. Wehe aber, er überschreitet dabei die B- oder C-Linie! Und wehe, er lässt sein 920-Gramm-Geschoss nicht direkt auf beziehungsweise maximal 40 Zentimeter vor genau jene Kugel krachen, die er zuvor dem Schiedsrichter als Ziel benannt hat!

Der ernsthafte Boccia-Spieler, soviel dürfte an dieser Stelle bereits deutlich sein, spielt nicht wie unsereins am Strand, und erst recht nicht mit wassergefüllten Plastikkugeln. Wahre *bocciste* sind in einem Verein aktiv, der vom Deutschen Boccia-Bund lizenziert wurde. Zwölf davon gibt es hierzulande, und nahezu alle sind in oder in der Umgebung von Augsburg angesiedelt. Mit dem AC Torres Augsburg, dem TSV Gasthofen, dem SSV Anhausen sowie der DJK Augsburg Nord stellt die Stadt quasi das deutsche Kugel-Zentrum dar. Seinen Anfang nahm das, als die frisch emigrierten italienischen Arbeiter bei MAN in Augsburg eine Boccia-Werksmannschaft gründeten. In der Bundesliga müssen die Spieler von ARCES deshalb die Rolle der Nordlichter übernehmen: Sie trainieren im Stuttgarter Stadtteil Möhringen.

ARCES Stuttgarts Profis sind, gemessen an den Augsburgern, noch gar nicht so lange dabei. Ihr Verein existiert jedoch schon seit den frühen Sechzigerjahren und ist unter anderem das Lebenswerk ihres Ersten Vorsitzenden, Domenico De Palma. Er kam 18-jährig aus Pescara nach Stuttgart. Zunächst rangierte er Waggons bei der Bahn, die damals noch Eisenbahn genannt wurde. Eine Weile war Domenico De Palma allein in einer kleinen Wohnung untergebracht, dann zog er in ein Wohnheim um und lebte wie viele seiner Landsleute: in einer Arbeiterunterkunft mit Mehrbettzimmern und Gemeinschaftsraum. Die Form der Unterbringung störte ihn weniger als das, was er heute „das System Wohnheim" nennt. Schlimm war, „wie die Leute dort existiert haben. Sie gingen arbeiten, dann kamen sie nach Hause, in das Wohnheim, und zogen gleich ihre Pyjamas an!" Man kochte und aß gemeinsam – „einer machte den Kellner" –, man unterhielt sich, spielte Karten oder saß vor dem Fernseher im Gemeinschaftsraum. Nur nach draußen ging keiner mehr. Domenico De Palmas Konsequenz: „Es war notwendig, die Freizeit zu organisieren."

Gemeinsam mit Wohnheimkollegen gründete Domenico De Palma erst einmal eine Fußballmannschaft. Doch schon 1966 kümmerte sich die „Associazone Ricreativa Cultura d'Emigrati e Sport" (A.R.C.E.S.) längst um mehr als den Sport. A.R.C.E.S. veranstaltete Sprachkurse, half beim Ausfüllen komplizierter deutscher Formulare und weihte Landsleute in die Geheimnisse des Lohnsteuerjahresausgleichs ein. Und auch nachdem sich die Gründungsmitglieder auf andere Arbeitsstellen verteilt und eigene Wohnungen bezogen hatten, blieb A.R.C.E.S. aktiv. Zwei Jahre nach seiner „Gründung als wilder Haufen", erzählt Domenico De Palma, war der Zusammenschluss ein ordentlich eingetragener Verein, mit eigenen Räumen in einer ehemaligen Werkzeugfabrik.

Boccia zählte damals noch nicht zum offiziellen A.R.C.E.S.-Sportangebot. Gespielt wurde aber bereits fleißig, dank guter Kontakte zum damaligen Stuttgarter Oberbürgermeister Rommel: in den öffentlichen Parks, allerdings „auf ungenormten Bahnen", wie Domenico De Palma betont. Die Bahn ist wichtig beim Boccia. Anders als das südfranzösische Pétanque, das auf unebenem Boden und sogar Kies gespielt werden kann, verlangt die italienische Boule-Variante einen absolut planen Untergrund sowie eine Einfassung aus Holzbrettern. Nach den derzeit gültigen internationalen Regeln misst eine Boccia-Bahn wenigstens 24,5 Meter in der Länge, gewöhnlich zwischen 26,5 und 27 Metern. Ihre Breite darf zwischen vier und viereinhalb Metern betragen. „Personen, Einfassungen, Gegenstände oder anderes (Lampen, Metallkabel, Äste, Decken, Schutznetze etc.), die sich über den Umrandungen oder außerhalb der Umrandungen befinden, werden als Fremdkörper angesehen. Kugeln oder Pallino, die diese beim Spielgeschehen berühren, sind ungültig", heißt es im Regelwerk, das so bereits unter Punkt 1 einen von diversen möglichen Konfliktfällen verbindlich klärt.

Wie die Spielordnung in grauer Vorzeit aussah, soll hier nicht Thema sein. Man wird sich aber geeinigt haben, denn die Vorläufer der heutigen Kugelspiele waren derart beliebt, dass sie im Laufe der europäischen Geschichte mehrfach verboten wurden: 1319 untersagte Karl IV. das Boccia-Spiel, auf dass sich das Volk wieder militärisch nützlichen Sportarten wie Armbrustschießen zuwandte; unter Heinrich VIII. musste der Pallino ab 1511 ruhen, weil sowohl die Spiel- als auch die damit einhergehende Wettleidenschaft die Moral untergruben; Venedigs Dogen bestraften 1576 öffentlichen Bocciaspiellärm mit zehn Monaten Gefängnis.

Einige Jahrhunderte später waren diese Verbote zum Glück vergessen – Konrad Adenauer, bekanntester deutscher Boccia-Spieler der Fünfzigerjahre, konnte seiner Leidenschaft ganz legal nachgehen. Der erste Nachkriegskanzler ließ die Kugeln im Urlaub in Cadenabbia am Comer See rollen. Zur Verbreitung des Spiels in Deutschland trugen Domenico De Palma und sein Boccia-Abteilungsleiter Paolo Di Mieri allerdings Entscheidenderes bei, und das womöglich durch den Umzug ihres Vereins. Nach 20 Jahren Residenz in Weil im Dorf wechselte A.R.C.E.S. den Standort und übernahm ein Grundstück in Möhringen, inmitten einer Kleingarten- und Sportvereinsiedlung. Dass alte Mitglieder nun abwandern würden, nahm Domenico De Palma in Kauf – genauso wie 500 000 Mark Schulden des Vorgängervereins. Es war riskant, am unbekannten Ort weiterzuarbeiten, „aber doch machbar", erinnert sich der Präsident. „Wir mussten ein Angebot aufbauen. Sonst, das wussten wir, stehen wir auf verlorenem Posten."

Ein Angebot, das hieß vor allem: der Nachbarschaft nicht in die Quere kommen und Neues bieten. Während sich die Vereinsführung und die Mitglieder von A.R.C.E.S. mit dem Umbau des Hauptgebäudes beschäftigten, Pläne schmiedeten und mit den Bauvorschriften haderten, machten sie ihre Offerte. Vor der Gastwirtschaft auf dem A.R.C.E.S.-Gelände lud eine Pergola zum Verweilen ein, daneben entstand ein Kinderspielplatz. Und um sich „beim Sportangebot von den deutschen Vereinen abzusetzen", propagierte A.R.C.E.S. nicht etwa das Boccia-Spiel, obwohl bereits erste offene Bahnen gebaut wurden, sondern den Frauenfußball.

Gleichzeitig organisierte Domenico De Palma gemeinsam mit seiner Frau Carmela erneut nichtsportliche Aktivitäten, aber mit einem Unterschied: Mitte der Achtzigerjahre gab es keinen Bedarf mehr an Deutschkursen – sehr wohl aber ein Interesse der Deutschen daran, italienisch zu lernen. Hinzu kamen italienische Kochkurse, deren Rezepte inzwischen – anlässlich des zehnten Jubiläums – in einem hübschen Kochbuch dokumentiert sind. Ungefähr zu dieser Zeit kamen A.R.C.E.S. auch die Punkte zwischen den Buchstaben abhanden. A.R.C.E.S. hieß nun ARCES: „Associazone Ricreativa d'Europa e Sport" – das „E" stand nicht länger für Emigranten, sondern für Europa.

Es gab noch mehr zu tun, vor allem weil der befürchtete Mitgliederschwund eintrat. Den lastet Domenico De Palma der deutschen Gesetzgebung an: „Die 0,5-Promille-Grenze wurde eingeführt", sagt er, „das hat viele daran gehindert, weiter zu uns hinauszufahren." Einer wie Domenico De Palma findet sich mit solchen Entwicklungen selbstverständlich nicht ab. Kaum war das Vereinsheim mittels einer raffinierten Betonpfahlkonstruktion aufgestockt, überwachte er schon die nächste Baustelle: Das Bocciodromo entstand, Deutschlands größte Boccia-Halle.

Vier Bahnen befinden sich im Inneren des flachen Gebäudes, das ein wenig an eine Reithalle erinnert – vom angeschlossenen Lokal, dem „Pallino Stüble", kann man durch eine verglaste Trennwand in die Halle sehen. Die Scheiben seien kugelsicher, versichert Domenico De Palma. Er grinst dabei, einige heftige Dellen in der Hallentür lassen jedoch vermuten, dass sich Raffa- und Volowürfe weitaus entspannter verfolgen lassen, wenn man sie von der Bar aus betrachtet. Zusätzlich könnte die Trennung von Spielern und Zuschauern mehr Ruhe ins Spiel bringen – es wird schon seine Gründe haben, wenn nach den internationalen Boccia-Regeln das Spiel einer Mannschaft dann als verloren gilt, „wenn ein Spieler aufgrund einer Entscheidung des Schiedsrichters oder nach Unstimmigkeiten mit Spielern oder mit Zuschauern das Spielfeld verlässt."

Das Stuttgarter Bocciodromo ist europa- und weltmeisterschaftstauglich. Es verfügt nicht nur über elektronische Anzeigen für den Punktestand, seine Bahnen sind mit einem

Spezialboden aus Turiner Herstellung belegt. Das Material ist rau, dabei leicht nachgiebig und wird zusätzlich mit einer dünnen Schicht Sand bestreut – nicht etwa, weil Rutschgefahr bestünde, sondern weil die Kugeln so, wie es im Fachjargon heißt, besser geführt werden. Und schließlich soll auch auf dem Hallenboden ihre Lage markiert werden können. Sollte nämlich ein Wurf das gewünschte Ziel verfehlen, aber dennoch alles durcheinander wirbeln, muss jede Kugel zurück an ihren vorherigen Platz. Früher verwendeten die Spieler hierfür Jura-Sand aus der Nähe von Ulm sowie gewaschenen Flusssand und Marmorstaub aus Italien, heute greifen sie in einen Sack mit Glasersand, der am Bahnenrand bereitsteht.

Man spielt übrigens auf mehrerlei Weise gemischt: als Einzelspieler, im Doppel, im Trio und als Mannschaft mit vier Spielern. Darüber hinaus können Männer, Frauen und Jugendliche auf Turnieren der A-, B- und C-Klassen zusammen oder gegeneinander antreten. Es dürfen sich also Ehepaare beteiligen; denkbar ist aber auch, dass zwei Halbwüchsige eine Pensionärin ins Boot holen – Punkte für das eigene Konto sammelt man immer, auch für Leistungen im Team. Erst bei Vereinswettbewerben und auf internationaler Ebene spielen die Gruppen wieder nach Geschlechtern und Alter getrennt. Die Herkunft der Spieler ist dabei mittlerweile vollkommen nebensächlich. 1985 ging der hiesige Boccia-Verband im Boccia-Bund auf, was zunächst schlichtweg bedeutete, dass „italienische" und „deutsche" Vereine unter ein Dach fanden. Nebenher wurde jedoch auch eine Zuwanderungsregel eingeführt, die dem Deutschen Fußballbund viele Sorgen ersparen würde. Welches Land ein Spieler bei internationalen Turnieren vertritt, hängt nicht von seiner Staatsangehörigkeit ab, sondern von seinem Wohnsitz.

Die Bundesligamannschaft von ARCES Stuttgart – 2003 stand sie nach einer Durststrecke von drei Jahren wieder an der Tabellenspitze – ist im Gegensatz zu anderen Vereinen noch rein italienisch besetzt. Domenico De Palma hat allerdings längst in die Zukunft geblickt und dafür gesorgt, dass Stuttgarter Schulklassen die Boccia-Halle kennen lernen. Außerdem ist jüngst eine deutsche ARCES-Spielerin in die A-Klasse aufgestiegen. „Das ist gut. Langsam bringen wir die Deutschen voran", stellt er fest, und diesmal grinst er nicht. Kulturaustausch ist, bei aller Freude, die er bereitet, eine ernsthafte Angelegenheit für Domenico De Palma. „Man darf nie die eigene Kultur verlieren", mahnt er, „nur so kann man eine andere respektieren."

Dieses Credo exportierte er sogar nach Italien, in seinen Heimatort. Gemeinsam mit seiner Frau baut er zwischen Canosa – einem Vorort von Pescara – und Möhringen eine Städtepartnerschaft auf. Eine der ersten Maßnahmen: Auf Drängen des Ersten Vorsitzenden wird in Canosa nun wieder der in Vergessenheit geratene traditionelle „Hochzeitswein" in kleine schmale Flaschen abgefüllt, ein Dessertwein aus den dortigen Trauben mit prächtigen 19,5 Prozent Alkoholgehalt. Ein Teil der Produktion ist mit eigens angefertigten Etiketten versehen, auf denen die Wappen Canosas und Möhringens prangen, und hat einen neuen Namen erhalten. Das ist der „Vino dell'amicizia", der Freundschaftswein. Apropos – Domenico De Palma lernte seine Frau bei ARCES, nein, A.R.C.E.S. kennen. Hat der Verein viele Ehen gestiftet? „Hm", überlegt er, „der hat eher einige auseinandergebracht." Wie das? „Nun ja", er lächelt entschuldigend, „das war wohl der Frauenfußball … Unsere Herrenmannschaft hat jedenfalls damals gern beim Training zugesehen."

# *Maßnahmen wider den Biersuppenkonsum*

## Espresso und gerichtete Perkolation

Wie lange dauert eine Kaffeepause? In Deutschland und der Schweiz – und besonders in österreichischen Kaffeehäusern – will sie mit Bedacht genossen sein. Das beginnt schon morgens, mit dem Frühstückskaffee, Brötchen und der Zeitung: Gefragt ist Ruhe für das Ritual. Auch im weiteren Verlauf des Tages lässt sich Aufschub mit einem Kaffee gewinnen, bevor es an große Aufgaben geht. Man trinkt „erst einmal einen Kaffee", dann kümmert man sich um liegen gebliebene Arbeit; beim Anblick ungeputzter Fenster hilft der Griff zur Tasse gleichfalls „erst einmal" weiter. Nur bei einem Rendezvous nimmt man „noch einen Kaffee."

Kommt Kuchen hinzu, kann eine Kaffeepause Stunden dauern. Die italienische Sitte, an der Bar einen Espresso im Stehen herunterzustürzen und sofort weiterzuziehen, irritiert daher noch heute alle deutschen Kaffeetanten und -onkel. Trotzdem hat sich der Kurze Schwarze etabliert. Er wird geschätzt und zusätzlich getrunken, ermöglicht er doch den Deutschen, auch außerhalb der Kaffeepausen Kaffee zu trinken. Sie nehmen mehr Bohnen als Bier zu sich: Vor dem Zweiten Weltkrieg verbrauchten sie 2,5 Kilogramm pro Kopf, heute sind sie bei 6,5 Kilogramm angelangt.

Dieses große Verlangen ist bereits einige Jahrhunderte alt, zog aber einst erhebliche Probleme nach sich. Um 1670 wurde arabischer Kaffee auch in Deutschland bekannt und avancierte, wie überall in Europa, zu einem beliebten Getränk der Oberschicht. Knappe 100 Jahre später, nachdem zunächst Portugiesen, Holländer und Franzosen Kaffeebäume in ihre Kolonien verpflanzt hatten, begann sich Kaffee zum Massenprodukt zu entwickeln. Nun kam auch das gemeine Volk auf den Geschmack, und das wurde nicht gern gesehen, wie Gert von Paczensky in der „Kulturgeschichte des Essens und Trinkens“ ausführt, die er gemeinsam mit Anna Dünnebier verfasst hat. Zwar waren Kolonialwaren besteuert, doch machte das Ausland nach Ansicht der Landesfürsten zu viel Geld mit dem deutschen Kaffeedurst – Geld, das der einheimischen Wirtschaft fehlte. „Man muß wissen, daß nicht nur in Städten Alles, was Menschen heißen, Handwerker, Tagelöhner, Knechte und Mägde, täglich Kaffee trinken und die Brodherren gezwungen sind, wo sie anders Leute haben wollen, dem Gesinde und den Tagelöhnern ja einigen der letztern wohl gar täglich zweimal Kaffee zu geben: sondern dies Übel ist auf dem Lande ebenso“, zitiert von Paczensky aus einem Bericht an die Hildesheimer Regierung von 1767.

Um den Kaffeekonsum einzudämmen, wurde er verboten beziehungsweise reglementiert. In Hessen-Darmstadt und anderswo durften nur noch „vornehme Personen“ Kaffee trinken. Allen anderen war das untersagt, zum Teil unter Androhung von Zuchthausstrafen. Eine Hildesheimer „Kaffeeverordnung“ verlangte gar, Kaffeegeschirr, -mühlen und -brennmaschinen sollten zerstört werden, „damit dessen Andenken unter unseren Mitgenossen vernichtet sei.“

Die Argumente der Kaffeeverächter weisen darauf hin, welcher einheimische Wirtschaftszweig besonders unter den veränderten Trinkgewohnheiten litt: die Brauereien und Schnapsbrennereien. „König Friedrich ward noch mit Biersuppe erzogen, aber die Kinder von tausend seiner Unterthanen schon mit Kaffee“, gibt die „Kulturgeschichte des Essens und Trinkens“ das Lamento des Bibliothekars Johann Wilhelm Petersen wieder. Die Hildesheimer Kaffeeverordnung stieß ins gleiche Horn: „Eure Väter, deutsche Männer, tranken Branntwein und wurden bei Bier wie Friedrich der Große aufgezogen, waren fröhlich und guten Mutes."

Der Preußenkrimi-Schriftsteller Tom Wolf, ein fleißiger Rechercheur mit Mut zum Selbstversuch, hat mir einmal eine solche Biersuppe zubereitet. Sie besteht aus Bier, Wasser, Mehl und – so vorhanden – Eiern. Erst in späteren Jahren kamen Zucker und Zimt hinzu. Und obwohl Tom Wolf ein sehr guter Koch ist und sogar süßte und würzte, kamen wir übers Probieren nicht hinaus. Die Brühe war von blassbrauner Farbe, muffte und schmeckte unvergleichlich – wahrscheinlich nach Kneipenwischlappen.

Die Biersuppe verzehrte man zu Zeiten Friedrichs des Großen zum Frühstück. Kein Wunder, dass Kaffee und Brot dieses Gericht ablösten – und wer weiß, ob das Biersuppentrauma nicht bis heute nachwirkt und somit für den eklatant gestiegenen Kaffeekonsum der Deutschen verantwortlich ist. Was wiederum die Österreicher bewegt, eineinhalb Kilogramm Kaffee pro Jahr mehr als Deutsche oder Schweizer zu kochen, und was das für Rückschlüsse auf ihre früheren Frühstücksgewohnheiten ziehen lässt, soll an dieser Stelle nicht erörtert werden. Eine andere Geschmackssache wird zum Thema: der Unterschied zwischen Filterkaffee und Espresso.

Die deutsche Kaffeezubereitung von Hand sieht vor, einen Kessel aufzusetzen und eine Kanne vorzuwärmen. Der gemahlene Kaffee im Papierfilter bekommt einen ersten Schwung kochenden Wassers und soll einen Moment quellen. Dann gießt man, je nach gewünschter Menge, bis zum Rand oder weniger auf. Viel Zeit kostet das nicht, aber dennoch hielt die Kaffeemaschine Einzug in Millionen Haushalten, wo sie nicht sehr heißes Wasser gurgelnd auf das Kaffeepulver tröpfelte. War ihre Arbeit beendet, röchelte sie, als läge sie im Sterben – dabei war sie weiter aktiv und verbrannte mit ihrer Heizplatte den Inhalt der Glaskanne.

Auch italienischer Kaffee wird gefiltert. Dass er selbst ohne professionelle Espressomaschine ganz anders schmeckt, liegt jedoch nicht nur an anderen Kaffeesorten, Röstverfahren oder Mahlwerken, sondern an der Physik beziehungsweise der so genannten „gerichteten Perkolation“: In einer klassischen *caffettiera*, dem schlichten Espressokännchen aus Aluminium, bekommt es der Kaffee nicht mit Wasser, sondern mit winzigen Wasserdampftröpfchen zu tun. Sobald das Wasser im unteren Teil des hoffentlich sorgfältig verschraubten Kännchens kocht, steigen diese notgedrungen durch den einzigen Ausgang, den Stutzen des Filters, empor. Sie verteilen sich durch den gelöcherten Filter und müssen sich nun ihren Weg durch den Kaffee bahnen. Dabei streifen sie die Körnchen nur – so groß ist der Drang, weiterzukommen –, müssen aber manche Umwege in Kauf nehmen. Alles, was sie auf dieser Tour mitnehmen können, sind jedoch Aromen, und so angereichert, passieren sie das zweite Sieb, erleben einen Temperaturschock und kondensieren. Fertig. Im Kännchen dampft nun ein Getränk, das weniger Koffein und weniger Bitterstoffe enthält als der Filterkaffee. Denn obwohl das aufgegossene Wasser hier schneller durch das Pulver gelangt als in der *caffettiera*, schwemmt es gleichzeitig mehr Stoffe heraus.

Einen gefälschten Milchkaffee kann man daher an seinem bitteren Geschmack erkennen – allerdings gehört die Espressomaschine heute auch in vielen deutschen Cafés zur Standardeinrichtung. Mehr noch: Die Kellner kennen sich mit der Zubereitung diverser europäischer Kaffeespezialiäten aus und würden nie wagen, einen Filterkaffee mit Sprühsahnehaube als Cappuccino zu verkaufen. Und die Gäste haben ebenfalls dazugelernt. Vor 20 Jahren, berichten italienische Tresenkräfte, reklamierte die Kundschaft oft noch, ihr Espressotässchen sei bloß zur Hälfte gefüllt. Heute bestellt sie nonchalant den kleinstmöglichen Espresso *stretto* – oder gar keinen mehr, sondern ein Modegetränk, dessen Beliebtheit bei vielen Italienern auf Unverständnis stößt. „Jetzt ist Latte Macchiato der Renner. Dabei ist das nur sehr viel aufgeschäumte Milch mit ein wenig Espresso", wunderte sich einer in der „Frankfurter Rundschau". „Das haben früher die Kinder bei uns getrunken, weil da nicht so viel Kaffee drin ist, aber die Leute sind verrückt danach."

Man sollte die Macchiato-Anhänger mit Nachsicht behandeln. Sie pflegen Traditionen – wenn auch nicht im richtigen Alter – und vielleicht machen sie sich einfach Sorgen um ihre Gesundheit. Vorerst sind sie jedenfalls keine „Starbucks"-Kunden, wo Kaffee wirklich schädlich ist, weil bereits die Bestellung jeden normalen Kaffeetrinker überfordert. Erst muss er zwischen vier Portionsgrößen auswählen („Short", „Tall", „Grande", „Venti"), sich dann für ein „Basis-Getränk" entscheiden („Darf es vielleicht Caffè Latte mit einem Espresso Shot mehr sein?") und sich außerdem dagegen wehren, dass sein Kaffee mit einer von „über zehn Sorten Sirup" ruiniert wird. Möchte er Milch im Kaffee, leidet er weiter – bei „Starbucks" gibt es Vollmilch, fettarme Milch, Sojamilch und laktosefreie Milch – und darf immer noch nicht gehen, bevor er ein Sahne-, Schokoladen- oder Karamell-Topping entschieden abgelehnt hat. Viel Zeit fürs Kaffeetrinken bleibt danach nicht.

Dann doch lieber einen handelsüblich kleinen Espresso, heruntergestürzt an der Bar.

## *Überdachte Tischgesellschaft*

### Die lange Kunst des Feierns

Eine lange, weiß gedeckte Tafel unter Bäumen, bestückt mit vielen Tellern, Schüsseln und Karaffen: Wir sind in Italien bei einem Hochzeitsfest. Die Erwachsenen unterhalten sich angeregt, die Kinder spielen Fangen, in sicherer Entfernung zum Geschirr. Nun steht jemand auf und hält eine kurze, ergreifende Rede. Die Runde erhebt die Gläser auf das Paar, alles strahlt – dann wird der nächste Gang aufgetischt.

Die Szene stammt aus „Bella Martha“, einem Film der deutschen Regisseurin und Drehbuchautorin Sandra Nettelbeck. „Bella Martha“ erzählt von einer allein stehenden deutschen Spitzenköchin, der zeitgleich eine entzückende Halbwaise im Grundschulalter sowie ein herzensguter italienischer Mann zufallen. Nach den üblichen Verwicklungen und Schwierigkeiten findet sich das Trio an genannter Tafel wieder, umgeben von generationenübergreifender Harmonie.

Es hat mich sehr enttäuscht zu erfahren, dass an dieser Geschichte etwas nicht stimmt: Italienische Familienfeste werden keinesfalls traditionell unter freiem Himmel gefeiert, erfuhr ich. Gewöhnlich miete man einen Saal oder eine Halle, aus der die Gäste erst nach Stunden wieder herauskämen. Das ist schade – aber ganz bestimmt waren solche Feste auch ohne Sonnenlicht sehr schön und ausgelassen, ein Beispiel italienischer Lebensart.

Das dachte ich, bis Antonella Romeo mir die letzten Illusionen raubte. „Die größte Langeweile empfand ich bei italienischen Hochzeiten, ganz zu schweigen von Taufen und Erstkommunionsfeiern", schreibt sie in ihrem Buch „La deutsche Vita". „In meinem Land ist eine Einladung zu einer Hochzeit oft ein Albtraum. Man sitzt Stunden um Stunden am Tisch und zählt die Gänge, die nicht enden wollen. Die Pausen zwischen ihnen sind so lang, dass man das vorangegangene Gericht halbwegs verdauen kann – eine einmalige Gelegenheit, ungeliebte Verwandte wiederzusehen, die den Anlass nutzen, um bis ans Ende ihres Lebens ausreichend Klatsch zusammenzutragen: als Gesprächsstoff für die Sonntagnachmittage im Kreis der wenigen Familienangehörigen, mit denen sie noch verkehren." In Deutschland dagegen, erzählt die in Hamburg lebende Journalistin, sei sie zum ersten Mal in ihrem Leben von einer Hochzeit „hingerissen" gewesen, „und fortan erschienen mir die Deutschen als unübertreffliche Meister in der Kunst des Feierns – zumal ich noch weitere Hochzeiten erlebte und vom geplanten ebenso wie vom spontanen Programm jedes Mal begeistert war."

Antonella Romeo belässt es nicht bei Lobhudeleien; sie bemerkt auch, dass Deutsche viel Alkohol zum Feiern benötigen und „einen Anlass, der ungewöhnliches Verhalten legitimiert und auf den sie zurückgreifen, um den Druck zu lindern, der normalerweise auf einem vielleicht zu ernst genommenen Leben lastet." Dennoch ist ihr Blick auf die deutsche Hochzeit verblüffend – aber vielleicht hatte sie auch nur das Glück, niemals neben dem Wehrmachtsveteranen Onkel Manfred oder der Kusine Manuela sitzen zu müssen, einer aufstrebenden Juniortexterin.

Was bleibt also von meiner erträumten Freiluft-Tafelei? Gehört das Bild verbannt? Nein, denn so kann noch etwas daraus werden: Erstens, es wird nicht geheiratet. Zweitens gibt mir eine Nachricht über eine Geologen-Konferenz in Florenz Hoffnung. Nach Ansicht des „US-Experten Gregory Jones von der Universität von Oregon", meldete die Nachrichtenagentur dpa vor kurzem, werde die Erderwärmung den Weinanbau in Europa so sehr verändern, dass „Winzer in Deutschland auch italienischen Chianti anbauen können." Und drittens weiß ich doch schon lange, wen ich zur Familie zähle.

# *Helden, Särge, Celluloid*

## Dem Italo-Western auf der Spur

Von Volker Gunske

Spaghetti-Western – das klang verächtlich. Wahrscheinlich war es eine Wortschöpfung von Bedenkenträgern, Erziehungsberechtigten und anderen Rettern des Abendlandes. Spaghetti-Western – das hieß, hier war die kulturlose Zone, gespickt mit sinnloser Gewalt und Brutalität. Das Wort sollte eine Warnung sein, aber natürlich war es eine große Verheißung. Man konnte sicher sein, dass die sonnengegerbten Revolvermänner mit ihren Fünftagebärten keine pädagogisch wertvollen Botschaften zu verkünden hatten. Es ging meistens um Rache und Dollars. Sentimentalitäten waren nicht vorgesehen. Und das war erstaunlich. Denn war Italien nicht das Land von *amore*, Schmalz und Sehnsucht? So ganz nebenbei räumten die Italo-Western auch noch gleich mit ein paar Vorurteilen auf.

Allein schon die Filmtitel ließen keinen Zweifel aufkommen, was einem im Kino erwartete. „Die rote Sonne der Rache" hieß es reißerisch auf den Plakaten, und man sah förmlich ein Duell in der Gluthitze einer staubigen Westernstadt vor sich. Auf der Leinwand herrschte „Das Gesetz der Erbarmungslosen", wenn „Die Stunde der Aasgeier" geschlagen hatte. Manchmal gab es auch nur einfache Befehle, die aber im Großen und Ganzen die Filmhandlung umrissen, wie zum Beispiel „Töte sie alle und kehr allein zurück" oder „Bekreuzige dich, Fremder!". Weil es immer um Leben und Tod ging, gehörten naturgemäß Totengräber und Friedhöfe zum festen Inventar eines Italo-Westerns. Das schlug sich wiederum in Filmtiteln nieder, die ins Religiöse verwiesen. „Vier Fäuste für ein Halleluja" ist mit Abstand der bekannteste, aber auch „Der Tod sagt Amen" und „Hass war sein Gebet" hatten was für sich. Leichen pflasterten den Weg des Italo-Westerns, und er spielte unermüdlich das Lied vom Tod.

Am schönsten waren die Django-Titel. Nach dem großen Erfolg von Sergio Corbuccis düsterem Rachewestern „Django", der Franco Nero zum Star machte, gab es eine lang anhaltende Welle von Django-Titeln. Es war eine Art brutaler *running gag*. Jeder Filmtitel wollte den vorhergehenden überbieten. Auf „Django – sein Gesangbuch war der Colt" folgte „Django – sein Colt singt sechs Strophen". Und „Gott vergibt – Django nie" wurde gekontert mit „Django – Gott vergib seinem Colt". So einen fröhlichen Zynismus hatte es im Kino bis dahin nicht gegeben. Es war ein Befreiungsschlag, der aus einem Land kam, in dem das Kino gerade in der allergrößten Krise steckte.

Eigentlich begann alles mit Winnetou. Die Karl-May-Verfilmungen Anfang der Sechzigerjahre waren der Beweis, dass man in Europa erfolgreiche Western drehen konnte. Aufgrund der immensen Produktion von Sandalenfilmen hatte auch die italienische Filmindustrie das nötige Know-how, historische Stoffe und Kostümfilme zu stemmen. Hinzu kam, dass die italienischen Produzenten die entscheidende Idee hatten, ihre Western nicht in den Schluchten Jugoslawiens anzusiedeln, die das Markenzeichen der Winnetou-Filme waren. Die Steppenlandschaft bei Almería im spanischen Andalusien sollte der Geburtsort der Italo-Western werden. Damit war das Setting vorgegeben: keine grünen Täler und fruchtbaren Weiden, sondern staubige Städte und brütende Hitze. Die Almería-Steppe wurde im Kino zum gefährlich texanisch-mexikanischen Grenzgebiet mit unwirtlichen Orten, in die sich kein edelmütiger Cowboy verirrte. Hier war nur Platz für Desperados, skrupellose Kopfgeldjäger und brutale Waffenschmuggler.

Man muss den italienischen Filmemachern, den Regisseuren, Drehbuchautoren, Schauspielern und Produzenten bis heute dankbar sein, dass sie nicht eine Sekunde daran dachten, das Erfolgsrezept von Winnetou und Co zu kopieren. Die ersten Western aus italienischer Produktion kamen 1963 in die Kinos und lehnten sich noch stark an die bekannten Muster des Hollywood-Westerns an. Wahrscheinlich wäre diese Art Western nur eine kleine Fußnote in der Filmgeschichte geworden. Doch dann kam der Film, der alles veränderte, der das Genre vom Kopf auf die Füße stellte, der nichts weniger als eine Revolution im Kino darstellte. Sergio Leones „Für eine Handvoll Dollar" (Per un pugno di dollari) aus dem Jahr 1964 war der erste Italo-Western, der diesen Namen verdiente und der stilbildend war für Hunderte von Spaghetti-Western.

Leones wegweisender Film, die Western-Variante von Akira Kurosawas Samurai-Film „Yojimbo", entstand tatsächlich nur für eine Handvoll Dollar. Gerade mal 200 000 Dollar betrug das Budget, gedreht wurde in den abgenutzten Kulissen von „Die letzten Zwei vom Rio Bravo". Alle klassischen Elemente eines Italo-Westerns waren in „Für eine Handvoll Dollar" in Reinform versammelt. Erzählt wird die Geschichte vom Fremden ohne Namen, der aus dem Nichts kommt, zwei Verbrecherbanden gegeneinander ausspielt und am Ende weiterreitet. Das Drehbuch von Sergio Leone und Duccio Tessari sah keine Wortduelle vor. Sparsam und lakonisch waren die Dialoge, die Blicke der Westerner waren wichtiger, und im Zweifelsfall sprachen die Waffen. Den Bildern des Kameramannes Massimo Dallamano war die Gluthitze des Südens eingebrannt, die *close-ups* krochen den Gesichtern der Schauspieler geradezu unter die Haut. Ein Augenzucken konnte so zu einer tödlichen Bewegung werden. Der Score von Ennio Morricone brachte einen völlig neuen, unerhörten Sound ins

Kino. Hauptdarsteller Clint Eastwood schuf einen Revolvermann, der alle bisherigen Cowboyhelden negierte und sie im Staub zertrat. Er war cool, lakonisch, amoralisch. Und Sergio Leone legte sich als Regisseur keine wohltemperierte Zurückhaltung bei der Inszenierung auf. Jede Einstellung, jeder Schnitt kam mit elementarer Wucht daher. Jedes Bild eine Ikone. Leones Regiestil hatte etwas von einer lautstarken Maschinengewehrsalve, die den Western, so wie man ihn kannte, gnadenlos niedermähte.

Noch erstaunlicher als dieser unverschämt auftrumpfende Film, der die Weltkarrieren von Sergio Leone, Ennio Morricone und Clint Eastwood begründete, war, dass Leone in den nächsten vier Jahren drei weitere Klassiker aus dem Handgelenk schüttelte: „Für ein paar Dollar mehr" (Per qualche dollaro in piú), „Zwei glorreiche Halunken" (Il buono, il brutto, il cattivo) und das unbestrittene Meisterwerk des Italo-Westerns: „Spiel mir das Lied vom Tod" (C'era una volta il west). Neben Leone war vor allem Sergio Corbucci ein Meister der Gewalt und Erbarmungslosigkeit. Corbucci verdanken wir unter anderem den großen Schneewestern „Leichen pflastern seinen Weg" (Il grande silenzio), in dem Jean-Louis Trintignant als stummer Racheengel in einer verwahrlosten Welt für ein wenig Gerechtigkeit sorgt. Sein Gegenspieler ist Klaus Kinski, der als kalt rechnender, profitgieriger Kopfgeldjäger einen seiner besten Kinoauftritte hinlegt. Auch der schweigsame Rächer „Django" stammt aus Sergio Corbuccis exaltiertem Todesuniversum. Gleich das erste Bild dieses schmutzigen Rachefilms ist eine Ikone des Kinos geworden: Ein schwarz gekleideter Mann zieht mit einem Seil einen Sarg durch eine schlammige Hügellandschaft. Als dieser furchteinflößende *man in black* später eine 40-köpfige Verbrecherbande zum *shoot out* herausfordert, wird er beruhigend zum Saloonwirt sagen: „Ich bin nicht allein" und dabei auf den Sarg gucken. So ein herrlicher Wahnsinn war nur im Italo-Western möglich.

Italo-Western waren immer auch Schulen der Coolness. Besonders in den Filmen von Sergio Leone und Sergio Corbucci konnte man lernen, was es heißt, cool zu sein. Die extremen Stilisierungen und die *stone faces* der Helden in Leone- und Corbucci-Western waren unübertroffen. Da gab es Männer mit Särgen im Schlepptau, Männer, die auch bei der wildesten Schießerei einen Zigarillo zwischen den Lippen hatten, und Männer, die auf einer Mundharmonika Todesmelodien spielten. An Clint Eastwood, Franco Nero, Giuliano Gemma oder Lee Van Cleef konnte man studieren, wie man sich ungerührt durch die Welt bewegt und wie man am besten seinen Feinden begegnet. Kühles Understatement, abgebrühte Blicke und punktgenaues Timing waren der Schlüssel zur Coolness.

Ähnlich lehrreich wie die gefährliche Lässigkeit der Helden war der Sinn für große Auftritte, den der Italo-Western vermittelte. Unvergessen, wie Clint Eastwood in „Eine Handvoll Dollar" zum finalen Duell mit fünf, sechs Pistoleros antritt. Er zündet eine Dynamitstange, die Explosion treibt eine riesige Staubwolke durch die Straße, und als sich der Staub langsam legt, wird die Silhouette von Eastwood sichtbar. Mit ähnlicher Grandezza tritt Charles Bronson in „Spiel mir das Lied vom Tod" auf. Drei Killer erwarten ihn an einem gottverlassenen Bahnhof, doch er ist nicht unter den aussteigenden Fahrgästen. Erst als der Zug wegfährt, ist er plötzlich da – als erbarmungsloser Todesengel, ganz in Weiß gekleidet, steht er wie eine surreale Erscheinung auf der anderen Seite der Gleise.

Weit über 500 Filme hat das Genre hervorgebracht. Die Glanzzeit war zwischen 1964 und 1970, die letzten Ausläufer entstanden Ende der Siebziger. Auf eine selbstverständliche Art war der Italo-Western von Anfang an auch ein internationales Unternehmen. Die Deutschen schickten zum Beispiel Klaus Kinski, Marianne Koch, Sieghardt Rupp und Horst Frank, die Franzosen waren mit Jean-Louis Trintignant, Johnny Hallyday und Alain Delon dabei, die Spanier mit Fernando Rey und Fernando Sancho, aus Österreich kam William Berger, aus Ungarn Mickey Hargitay, aus Irland Stephen Boyd. Und schließlich die harten Jungs aus den USA: Eastwood, Bronson, Lee Van Cleef, Jason Robards, Henry Fonda, Eli Wallach, James Coburn. Der Spaghetti-Western war nie eine nationale Wagenburg, sondern auf seine Weise eine sympathisch verschworene Multikulti-Gesellschaft.

Die Endphase wurde Anfang der Siebziger mit einem großen Lachen eingeläutet. Terence Hill (Geburtsname: Mario Girotti) und Bud Spencer (Carlo Pedersoli) zogen prügelnd und kalauernd durch den Westen und mischten mit ihren Fäusten und Sprüchen alle Motive des Italo-Westerns auf. Nach den vorhergehenden Massakern entwickelte sich die Spätphase überraschend unblutig und heiter. Den würdigen Schlusspunkt setzte 1973 schließlich „Mein Name ist Nobody“ (Il mio nome è nessuno) – danach kamen nur noch unbedeutende Ausläufer. Die von Sergio Leone produzierte und von Tonino Valerii inszenierte Endzeitgeschichte war komisch, cool und randvoll mit Mythen und Filmzitaten. Der aufstrebende Revolverheld Nobody (gespielt vom Shooting-Star Terence Hill) und der müde Westernheld Jack Beauregard (Altstar Henry Fonda) verhandeln nichts weniger als den Heldenmythos. Im Mittelpunkt steht eins der wahnwitzigsten Duelle des Italo-Westerns: ein Mann gegen eine ganze Banditenarmee, gegen die legendäre wilde Horde, hundertfünfzig Mann, die reiten und schießen wie tausend. Es war noch einmal ein großer Festtag des Italo-Westerns, der zehn glorreiche Jahre lang mit Innbrunst und Schmackes das Lied von den Dollars und vom Tod gespielt hatte.

## *„Pass auf, jetzt kommt eine Vespa um die Ecke!“*

### Lebenslange Leidenschaft für einen Roller

Jürgen Rahmer, 65, ist der erste Vorsitzende des Vespa-Veteranen-Club Deutschland, einer großen Gemeinschaft von Vespa-Fans. Zum Zeitpunkt unseres Gesprächs macht er Marmelade ein, kümmert sich um die neue Ausgabe des Club-Magazins „Vespassione“ und bereitet – selbstverständlich – einen Italienurlaub vor.

„Ob ich eine Vespa mit verbundenen Augen zusammenbauen kann? Nein, das glaube ich nicht. Vespafahrer sind zwar dafür bekannt, dass sie viel an ihren Rollern herumschrauben, aber das würde ich mir nicht zutrauen. Verschiedene Teile schon, den Vergaser und so weiter. Der Vergaser sitzt unter der Sitzbank, man muss ihn ertasten. Der Freund eines unserer Mitglieder ist blind, der kann sogar ganze Motoren zusammenbasteln. Vor zehn Jahren war ich auch noch ein bisschen wilder drauf, aber heute frage ich schon mal jemand anderen, ob er mir hilft – junge Mitglieder, um die 20 Jahre, die ganz heiß sind auf diese alten Schaltroller. Es ist ja nicht so, dass wir hier nur alte Knacker haben. Was ich allerdings vor meiner Fahrt nach Italien noch erledigen musste, konnte ich selbst machen: Die Züge waren etwas zu kurz. Der Roller hat ein festes Chassis, und der Motor ist hinten beweglich aufgehängt. Bin ich mit meiner Frau zusammen unterwegs, knickt der Motor etwas weiter nach oben. Die Gaszüge werden zwangsläufig gespannt, als gäbe ich ständig Vollgas. Und wenn wir so in der Innenstadt unterwegs sind, mit aufheulendem Motor, beschwert sich meine Frau: Wenn du das nicht abstellst, dann fahre ich nicht mehr mit. Außerdem ergibt sich bei Vollgas das Problem, dass man kaum noch richtig schalten kann. Also mussten neue Züge rein. Und natürlich passierte es, dass mir die Züge im Chassis verschwanden, so dass ich das ganze Steuerrohr und sonst noch jede Menge ausbauen musste. Eine größere Geschichte! Aber in der Zwischenzeit ist das meiste geschafft.

Auf die Vespa aufmerksam bin ich Mitte der Fünfzigerjahre geworden. Damals hatte ich noch keinen Führerschein, aber meine älteren Freunde und Bekannten fuhren mit einem Roller herum. Was habe ich ihnen nachgeschaut! Die Vespa galt damals schon als Statussymbol, und in der Hauptsache waren es Angestellte, Ärzte und Architekten oder Ingenieure, die Vespa fuhren, während die Handwerker eher aufs Motorrad stiegen. Die wollten eben etwas Handfestes. Das imponierte mir schon: Alle, die zur Mittelschule gingen, fuhren Vespa, und alle, die am Bau arbeiteten, Motorrad. Bis 1958 war ich auf einer Viktoria unterwegs, einem Fünfzigkubikmeterding. Dann endlich der Führerschein, und sofort ging es ab nach Augsburg – ich lebte auf dem Land –, wo ich in den Schaufenstern begehrlich nach den schönen Vespas schaute.

Eine Vespa kostete neu zwischen 1200 und 1300 Mark, ein Motorrad lag etwa bei 2000 bis 2500 Mark, wofür man fast schon einen VW oder einen Lloyd bekam. Ich habe sie mir zusammensparen müssen – ich war ja noch in der Ausbildung und bekam kaum Geld. Drei, vier Jahre hat das gedauert. Dann das Angebot aus Augsburg: eine Vespa GS, Baujahr 58. Nach einem Unfall war sie wieder repariert und neu lackiert worden und kostete 800 Mark. Ich musste alles zusammenkratzen, was ich hatte. Selbst wenn ich keine Vespa gewollt hätte – eine solche Gelegenheit hätte ich nicht ausschlagen dürfen. Denn einen Gebrauchtwagenmarkt gab es zu dieser Zeit noch gar nicht. An den wenigen Fahrzeugen, die den Krieg überstanden hatten, hingen oft Erinnerungen und Geschichten. Man hatte sie im Heu versteckt oder auf dem Feld eingegraben – gerade in den letzten Kriegsjahren wurde alles konfisziert. Ich kannte viele, die damals Holzkisten gebaut und Löcher gegraben haben und ihre Motorräder da reinpackten, in Einzelteile zerlegt. Und wenn man so etwas aus der Gruft holt und das knattert sogar wieder – das gibt man nicht weiter für wenig Geld.

Wenn es etwas zu reparieren gab, dann machte ich das meistens selbst; höchstens, dass ich mal eine Zündspule kaufte. In unserem Ort beschäftigte sich der Besitzer einer Fahrradwerkstatt hin und wieder damit, am Moped einen Vergaser zu reinigen oder zu wechseln. Kleine Arbeiten konnte ich also auch bei ihm erledigen. Aber man fuhr ja gern nach Augsburg, um dort in der Werkstatt sein Problem zu lösen. Das war wie eine Urlaubsfahrt. Service oder Kundendienst, so etwas kannte man damals nicht. Das Geld wurde eher ausgegeben, um verschiedenen Chromzierrat dazuzukaufen. Denn eine Vespa war erst schön, wenn sie aufgeputzt war wie ein Christbaum, mit Bändchen und Chromteilen. Und möglichst noch mit einer Hupe, die Kuhgebrüll nachahmen konnte oder eine Trambahnglocke. Auffallen, das war wichtig – und das kam auch an. Mittlerweile gab es bei uns im Dorf drei Vespafahrer. Der Sohn vom Metzgermeister, ein Mitschüler von mir, und noch ein Bekannter. Wir bildeten eine richtige Rollerclique. Und in den Augen der Mädchen rangierte die Vespa wesentlich höher als ein Motorrad. Sicher, bei schlechtem Wetter war das Auto gefragt, aber wenn die Sonne schien, konnte die Sitzbank der Vespa gar nicht lang genug sein.

Wegen einer neuen Stelle bei der Oberpostdirektion zog ich nach München. Zuallererst suchte ich mir dort einen Vespa-Club. Montag, Dienstag, Mittwoch, Donnerstag und

Freitag war Vespa-Tag. Man traf sich in einer Kneipe, wo man auch aß. Da ich zur Untermiete in einem kärglichen Zimmer wohnte und der Willkür meiner Wirtin ausgesetzt war, kratzte ich lieber die Kurve und traf mich mit meinen Vespa-Freunden. Und mit denen machte ich dann auch die Touren: nach Italien und wohin immer wir nur konnten. Bei den Club-Abenden las der Vorsitzende vor, was fürs Wochenende geplant war, und er fragte, wer mitfahren wolle. Wenn sich genügend Leute zusammenfanden, wurde das Ränzlein geschnürt, und dann fuhr man los. Es war damals noch gar nicht üblich, drei oder vier Wochen in den Urlaub zu fahren. Man hängte meistens an ein Wochenende noch zwei Tage dran, das hat einem schon gereicht.

Heute besitzen meine Frau und ich ein Auto, in das wir die Vespa laden können – unser Komfortbedürfnis hat sich inzwischen verändert –, aber meine erste Italienfahrt habe ich noch ausschließlich mit dem Moped unternommen, und viele sollten darauf folgen. Daheim hieß es immer, ihr könnt da nicht runterfahren, die haben uns doch im Krieg verraten. Die Spannung war noch mit den Händen zu greifen – und auch die Vorurteile gegenüber den anderen Ländern. Wahrscheinlich waren wir die ersten, die völkerverbindend tätig wurden, als wir quer durch Europa fuhren. Zehn Tage waren wir unterwegs, schliefen in Gasthöfen und Pensionen. Für zwei, drei Mark konnte man immer irgendwo übernachten, Frühstück inklusive. Oft haben wir uns auch bei Bauern eingenistet. Wenn man anklopfte, konnte man sicher sein, ein Plätzchen zu kriegen, und eine Decke hatten wir sowieso dabei. Wir fuhren damals Tagesetappen von etwa 150 bis 200 Kilometern und kamen bis zum Gardasee, für uns schon das tiefste Italien. Als wir dort waren, sahen wir zum ersten Mal richtige Zitronen- und Orangenbäume – ganz so, als wäre man auf Hawaii. Der Spumante war billig und die Mädchen sehr neugierig.

Man verstand zwar kein Wort – sie uns nicht und wir sie nicht –, aber es wurde gekichert. Jeder nahm mal einen Schluck aus der Flasche, reihum, das Gekicher wurde immer größer – und das hat eigentlich schon gereicht. Für uns war das damals schon Erotik.

Meine Frau lernte ich in München über zwei Club-Freunde kennen, die ihr und ihren Eltern auf einem Fuhrunternehmerball begegnet waren. Sie erzählten mir, dass sie zickig gewesen sei – was meine Neugierde umso mehr weckte. Eine Woche später, bei einem Tanztee in Grünwald, habe ich mich sehr nett mit ihr unterhalten. Allerdings verriet sie mir bis zum Schluss nicht, wo sie wohnte. Aber ich kannte ihren Nachnamen. Also hieß es durchtelefonieren, bis ich irgendwann Glück hatte. Wir trafen uns wieder, und schließlich fuhr sie auf der Vespa mit. Ihren Eltern war das suspekt, ein Zweirad-Fahrer war nicht so gern gesehen. Sie hätten lieber einen gehabt, der mit einem VW vorfährt. So musste ich also immer zwei Straßen vor ihrem Elternhaus den Roller abstellen und den Rest zu Fuß laufen. Oder ich musste die Vespa schieben, damit sie nicht durch das Geknatter aufmerksam wurden.

Und auch als wir verheiratet waren, ging es weiter nach Italien. Durch meine frühen Fahrten war ich zum Fan geworden. Und auch meine Frau ist italophil, spricht noch dazu gut italienisch, was alles sehr erleichtert. Immer haben wir versucht, unsere Urlaube in diese Richtung zu legen. Und bereits in Oberbayern hatten wir das Gefühl, im Süden zu sein. Das Wetter spielte dabei gar keine entscheidende Rolle. Italien, das war immer wie ein Rausch – die Landschaft, das Essen ... Zugegeben, die Italiener waren ein bisschen verwundert, weil wir meistens nur einen große Portion Spaghetti wollten, während sie uns ihr komplettes Menü anboten. Dass wir nur die Vorspeise nahmen, löste keine Begeisterung bei ihnen aus. Uns entrüstete wiederum, dass auf den Märkten auch Wachteln angeboten und im März die Vögel geschossen wurden, aber es gab ja genug Alternativen.

Meine Frau hat mein Hobby nie ganz geliebt. Sie ist nicht die Sorte Mensch, die sich mit der Technik auseinander setzen mag. Sie fährt gern mit. Als ich beruflich nach Mainz umziehen musste, verschenkte ich meinen Roller an den Münchner Vespa-Club. Ich kaufte mir ein Auto, doch immer, wenn ich eine Vespa hörte, drehte ich mich um und blickte ihr sehnsüchtig nach, oder ich machte meine Frau aufmerksam: Pass auf, jetzt kommt gleich eine Vespa um die Ecke! Und eines Tages sagte sie zu mir: Da steht in der Zeitung, dass eine alte Vespa zu verkaufen ist. Wäre das nicht etwas für dich? Wir fuhren hin, aber ich konnte mich nicht recht entscheiden. Ein Scheunenfund, den ich komplett hätte restaurieren müssen, und ich hatte doch eigentlich immer nur kleinere Reparaturen erledigt. Also war ich zögerlich und sagte, nein, ich müsse mir das erst überlegen. Und als wir wieder zu Hause waren, erklärte mir meine Frau: Hättest du sie doch gekauft, hättest du sie doch gekauft! – Sie hat mich richtig bedrängt! Und dann sagte sie: Hier hast du das Geld, kauf sie dir! Und so sind wir am nächsten Tag hin und haben sie geholt.

Ich habe die Vespa fotografiert und Stück für Stück auseinander genommen, habe Zeichnungen angefertigt, damit ich sie wieder zusammenbauen konnte, ich habe Unterlagen besorgt, eine Bestandsaufnahme gemacht. Und meine Frau kam schon drei Tage später mit der neuen Lederjacke an und fragte, wann wir denn endlich mal losfahren könnten. Es dauerte dann aber doch ein Jahr, bis ich fertig wurde. Allein das Verchromen bestimmter Teile kostete mich drei oder vier Monate. Aber dann stand sie da in voller Pracht. Und zwar so, wie meine Frau sich das vorgestellt hatte – sie war bei der Farbauswahl beteiligt. Das hat ihr gefallen – bis ich dem Vespa-Veteranen-Club beitrat. Das System dort entsprach nicht meinen Vorstellungen. Alles dümpelte vor sich hin, und was blieb mir also anderes übrig, als mich so richtig hineinzuhängen? Plötzlich war ich rund um die Uhr beschäftigt. Weil ich mich nicht auf andere verlassen wollte und konnte, musste ich alles selbst machen. Und so wurde es für meine Frau manchmal schon ein bisschen viel. Ich hatte nur noch Vespa im Kopf, und am Abend klingelte ständig das Telefon; meistens wenn man gerade etwas aß oder die Tagesschau lief. Schon wieder die Vespa! Das war nicht nach ihrem Gusto. Wenn ich das gewusst hätte, sagte sie, dann hätte ich diese Geister nie geweckt!

Inzwischen habe ich einiges delegiert, so dass ich nicht mehr alles im Alleingang machen muss. Außerdem ist der Club auf über 200 Mitglieder angewachsen – es ist der größte Vespa-Club in Deutschland –, und durch die Mitgliedsbeiträge kann man einige Dienste bezahlen. Früher habe ich Briefmarken geleckt und Etiketten beschriftet, Und ich forschte immer, wo man etwas kopieren oder billig drucken kann – jetzt können wir die Sachen ganz offiziell der Druckerei geben.

Unsere Mitglieder leben weit verstreut: Der Großteil kommt aus dem Münchner Raum, sehr viele sind aus Hamburg und Lübeck. Aber auch das Ruhrgebiet und Stuttgart sowie Karlsruhe sind vertreten. Und natürlich haben wir auch Mitglieder in Italien, Belgien und in Frankreich. Meistens Deutsche, die dort wohnen und mit ihrem alten Roller durch die Gegend fahren und gern den Kontakt zur Szene halten wollen. Da wir kein Ortsclub sind, können wir nicht einfach sagen, dass wir am Wochenende ins Grüne fahren wollen – dazu wohnen wir zu verstreut. Aber im Prinzip kommt man mit der Vespa überall hin, selbst nach Thailand. Die anderen Clubs schreiben uns an und sagen: Wir veranstalten ein Treffen. Das kann in der

Schweiz sein, in Portugal oder in Argentinien. Wir haben ein Mitglied in Südtirol, das jedes Jahr im Herbst eine Südtirolwoche organisiert. Ein tolles Erlebnis, wenn man mit seinen fünfeinhalb PS auf das Stilfser Joch hochkommt – das sind immerhin 2700 Meter. Am Fuße des Berges begegnet man den Motorradfahrern mit ihren 70 oder 80 PS, mit den schnellen Kawasakis, und die schauen so mitleidig auf unsere Mopeds ... Aber wenn wir dann auch oben sind – und gar nicht so viel später als sie –, da gucken sie dann doch recht erstaunt.

In Italien haben wir nicht nur deutsche, sondern auch italienische Mitglieder. Die Präsidentin der ‚Federazione Internazionale dei Vespa Clubs', Christa Solbach in Rom, gehört zu uns wie auch der Präsident des römischen Vespa-Clubs und der Conservatore vom Registo Storico aus Rovereto. Es herrscht ein äußerst reger Kontakt, und sie kommen sehr gern zu uns. Während unserer Weihnachtsfeiern haben wir viele Italiener hier. Sie mögen deutsche Weihnachten gern, und wir legen das dann auch so, dass wir noch über die Weihnachtsmärkte gehen.

Uns zu treffen, ist eigentlich einfach, zum Beispiel bei Präsentationen wie vor dem Kaufhof in Darmstadt. Die veranstalten jedes Jahr eine italienische Woche und sehen es gern, dass da ein paar Roller als Lockvögel stehen. So eine italienische Woche ist meist mit Espressoständen und italienischem Essen kombiniert. Es gibt einen Weinausschank – und man kommt schnell mit den Leuten ins Gespräch. So kam zum Beispiel ein Italiener auf uns zu, dessen Heimweh jetzt dadurch gemäßigt wird, dass er mit der Vespa-Szene zu tun hat. Wir haben auch einen Stand auf den Oldtimer-Messen. Da kann man Kaffee trinken oder Bier, und meistens führt das über kurz oder lang zu einer Mitgliedschaft. Die kostet 30 Euro im Jahr – keine große finanzielle Hürde. Die meisten unserer Mitglieder sind ohnehin in einem Alter, in dem sie beruflich und familiär alles hinter sich gebracht haben. Und manche sind recht gut situiert. Einen haben wir, einen Internisten aus Essen, der besitzt 64 Roller – der kann schon sein eigenes Museum aufmachen.

Ich habe vier. Ich bin etwas ärmer. Aber das reicht auch. Und wenn ich den ganzen Tag in der Garage läge, würde das meiner Frau nicht gefallen."

## *Riesengurken und Spinatbrot*

Neues Gemüse al dente

Das Verhältnis der deutschen Nachkriegsgeneration zum Gemüse ist nicht das beste. Die Brennnessel mag wieder entdeckt werden oder der Löwenzahn – schätzen kann das nur, wer nie darauf angewiesen war. Manche rühren bis heute keine Steckrüben mehr an, andere weigern sich, Mais zu essen – kein Wunder, wenn man bedenkt, dass ab Ende 1946 statt Korn, also Getreide, „corn" aus den USA nach Deutschland kam. Schuld war ein Übersetzungsfehler. Auch deshalb ist Polenta hierzulande erst in den letzten Jahren salonfähig geworden.

Zu Zeiten des so genannten Wirtschaftswunders bzw. der „Fresswelle" verkam Gemüse daher zur Beilage. Fleisch war gefragt. Darüber hinaus herrschte in Deutschland die Dose. In vielen Erzählungen von Einwanderern, ganz gleich aus welchem südeuropäischen Land, ist davon die Rede: wie wenig Gemüse es gab und wieviel davon nur als Konserve zu haben war. Wer auf dem Land untergebracht war, konnte manchmal etwas anpflanzen – um Köln herum muss es erstaunlich viele wilde Zucchinifelder gegeben haben –, doch in den Städten führten die Läden Ende der Fünfzigerjahre noch das klassische Angebot.

Die mutigen Hobbygärtner unter den Italienurlaubern begannen jedoch bald zu experimentieren. Klaus Carstensen aus Moers zum Beispiel erinnert sich, dass seine Schwiegereltern „alles Mögliche" von einer Reise nach Elba mitbrachten. „Diverse Kräuter und Zucchini-Samen. Aber dann standen wir da: Wann sollte man die ernten?

Wenn sie noch so klein wie Gewürzgurken waren – oder später? Die wurden ja riesig!"

Innerhalb von ein paar Jahren stellte das kein großes Problem mehr dar. Inzwischen hatten Italiener Geschäfte eröffnet, und so konnten, anhand der importierten Ware, Maßstäbe aufgestellt werden.

Weitere, bisher unbekannte Pflanzen passierten die Grenzen: Artischocken, Auberginen, Fenchel und Oliven. 1961, sagt Hannelore Fadani, war in Heidelberg jedenfalls schon alles zu haben, beim Gemüsehändler Bertolini. Sie führte mit ihrem Mann ein Lokal, das das österreichisch-italienische Paar nach und nach von einer Eisdiele in ein Restaurant umgewandelt hatte. Genauso schrittweise gewöhnten sie auch ihre Kundschaft an neue Speisen: Anfang der Sechzigerjahre standen noch Schnitzel und Spiegeleier auf der Karte, dazwischen waren Spaghetti mit Tomatensauce und Lasagne untergebracht. Im Laufe der Jahre verschwanden die deutschen Gerichte von der Angebotstafel, ersetzt durch Tortellini mit Ricotta-Spinat-Füllung und überbackenen Fenchel. Inspiriert wurde die Küche immer wieder durch junge Italienerinnen, die für ein, zwei Jahre nach Heidelberg ins „Milano" kamen und ihre Rezepte mitbrachten. „Es gab immer etwas zu lernen", erzählt Hannelore Fadani.

Vorbehalte gegen die fremde Kost hatten ihre Gäste „überhaupt nicht, ganz im Gegenteil. Die waren neugierig! Die guckten auf den Nachbartisch, und wenn sie da auf dem Teller etwas entdeckten, das sie noch nicht kannten, wollten sie das auch probieren." Zur Stammkundschaft der Fadanis zählten viele Studenten, „die wollten preiswert essen." Hannelore Fadani servierte *panini* mit Spinat und Parmesan, buk Auberginen-Kartoffelaufläufe mit Tomatensauce und ließ das Publikum gedünsteten Endiviensalat mit

Knoblauch probieren. „Frische Sachen“, sagt sie, „waren gefragt.“ Selbst die Zubereitung des südeuropäischen Gemüses auf italienische Art wurde dankbar angenommen: al dente, was bis dahin weitestgehend unbekannt war. Deutsche kochten Gemüse zu dieser Zeit gern weich und fast zu Brei.

Jetzt, da alles bekannt und zu haben ist, stellt fremdes Gemüse keine Sensation mehr dar – höchstens der Umstand, dass auf dem Markt nur drei Sorten Artischocken zu kaufen sind. Und unter den Freizeitgärtnern ist man längst mit neuen Herausforderungen beschäftigt: Obst. In Berlin, wo Vertreter nahezu jeder angesiedelten Nation im Landesverband der Berliner Gartenfreunde e.V. organisiert sind, will etwa Italiano Agostini hoch hinaus. Nachdem die Pfirsiche in seinem Toskana-Nachbau gute 150 Gramm pro Stück auf die Waage brachten und außerdem noch „wunderbar schmeckten“, will der pensionierte Busfahrer demnächst aus seinen gleichfalls gut gedeihenden Trauben den ersten Wein machen: „Es gibt auch hier genug Sonne.“

## *Langer Atem in Wolfsburg*

### Von Gastarbeitern zu Schulgründern

Die zweistöckigen Baracken sind aus Holz. 4000 Männer sind in ihnen untergebracht, jeweils vier in einem Raum von knapp dreizehn Quadratmetern. Möbliert ist er mit Etagenbetten, einem Tisch, vier Stühlen und einem Schrank. Das Gelände ist eingezäunt, am Schlagbaum vor dem Eingang wird jeder kontrolliert, der kommt und geht. Wachleute patrouillieren mit Schäferhunden.

In dieser Anlage leben die italienischen Arbeiter des Volkswagenwerkes im Jahr 1962. Sie ist vor kurzem in aller Eile hochgezogen worden und wird weiter ausgebaut. Zwei Jahre später werden schon 6000 Italiener nach Schichtende in dieses Lager zurückkehren, das betriebsintern nicht so heißen darf: „Das Wort ‚Lager' könnte Assoziationen hervorrufen, die wir im allseitigen Interesse vermeiden möchten", instruiert VW-Generaldirektor Heinrich Nordhoff seine Mitarbeiter. „Die Bezeichnung ‚Unterkünfte Berliner Brücke' dürfte allen Erfordernissen gerecht werden."

Nordhoffs Sorge um mögliche Assoziationen ist begründet. Das VW-Werk, 1938 von italienischen „Fremdarbeitern" errichtet, hielt während des Zweiten Weltkriegs Kriegsgefangene, Zwangsarbeiter und KZ-Häftlinge in Baracken. Die Produktion von Hitlers Traumauto, dem Automobil für die Massen, lag da längst brach – VW stellte Bomben und Minen her; seine Sklaven bauten neben Amphibienfahrzeugen vor allem Kübelwagen für die Wehrmacht und die SS zusammen. 1944 schufteten hier auch 1441 italienische Militärinternierte im „Arbeitskommando 6024“, davon rund 1000 im Werk. Als „Verräter“ wurden die vor kurzem noch verbündeten Soldaten misshandelt und gezielt ausgehungert, um sie zu höheren Arbeitsleistungen zu zwingen. Berichten über das Lager Rothenfelde-Wolfsburg zufolge, die der Historiker Gerhard Schreiber in seinem Buch „Die italienischen Militärinternierten im deutschen Machtbereich 1943–1945“ zitiert, machten sich die unterernährten Gefangenen „über Abfälle her.“ Vom Lagerarzt für einsatzfähig befunden, fielen sie während der Arbeit „bewusstlos oder tot“ um.

Diese Zeit liegt noch nicht lange zurück, doch die neue Unternehmensleitung von VW verschwendet keinen Gedanken an die Unterbringung ihrer „Gastarbeiter“. Ausländische Arbeitnehmer leben überall in der Bundesrepublik in zweifelhaften Unterkünften und haben es oft sogar noch schlechter getroffen als bei VW. Sechs oder mehr Personen bewohnen einen Raum – Saisonarbeiterinnen in der Landwirtschaft sind nicht selten zu zehnt –, in dem sie auch ihre Mahlzeiten zubereiten müssen. Nicht einmal einen aufeinander abgestimmten Tagesablauf gibt es – in verschiedene Schichten eingeteilt, stört man sich gegenseitig beim Schlafen. Vom Gesetz her sind Arbeitgeber nur gefordert, „angemessenen“ Wohnraum zu bieten.

In Wolfsburg gibt es für die je 68 Bewohner einer Etage an der „Berliner Brücke“ eine Küche mit 18 Kochplatten, 13 Waschbecken im Waschraum und vier Toiletten: Schlangestehen gehört zum Alltag. Unterstützt durch Berichte der Tagespresse, herrscht allgemein die Auffassung, man müsse den Gastarbeitern auch nichts Besseres bieten. Sie sollen sich anpassen. Sie wollten arbeiten, gutes Geld verdienen und so viel wie möglich davon in die Heimat schicken beziehungsweise sparen, heißt es. Dass sie abseits ihrer persönlichen Ziele auch noch so etwas wie menschliche

Bedürfnisse haben könnten, wird schlichtweg ignoriert. Rocco Artale, der nach einer Beschäftigung in einer Hannoveraner Zuckerfabrik 1962 bei VW auf ein „Sammelsurium verschiedenster Italiener" stieß, erinnert sich besonders daran, wie es allen an jeglicher Rückzugsmöglichkeit fehlte: „Es gab keinen privaten und erst recht keinen intimen Bereich."

Ausländische Arbeiter sollen in diesen Jahren eine Zeit lang aushelfen, wieder gehen und bei Bedarf durch frische Kräfte ersetzt werden. Entsprechend sind ihre Verträge in den meisten Branchen befristet. Bei VW unterschreibt man gewöhnlich zunächst für ein Jahr, ab 1963 sogar nur für ein halbes. Viele halten es aber nur wenige Wochen aus. Beim Autohersteller entwickelt sich alles andere als eine Stammbelegschaft: Massenhaft verlassen die Italiener das Werk, kaum dass sie begonnen haben, hier zu arbeiten. Anne von Oswald rechnete nach für ihre detaillierte Untersuchung zu „Volkswagen, Wolfsburg und den italienischen ‚Gastarbeitern'", veröffentlicht im „Archiv für Sozialgeschichte" der Friedrich-Ebert-Stiftung, und kam zu vergleichsweise drastisch hohen Abwanderungszahlen: Über die Hälfte der 1962 frisch eingestellten Italiener blieb nicht einmal ein Jahr in Wolfsburg.

„Kein Wunder", kommentiert Rocco Artale. Das Leben hinter dem Zaun ist trist und beschränkt sich nach acht bis zehn Stunden Arbeit auf „Essen kochen und Socken waschen". Isoliert vom Rest der Stadt sitzen die Italiener nach Feierabend in der Werkskantine. Die Freizeitbeschäftigungen heißen „Skat spielen und abwarten". Rocco Artale ist heute Mitglied im Rat der Stadt Wolfsburg. In den Sechzigerjahren zählt er zu der kleinen Minderheit, die sich zunächst mit den Umständen arrangiert, aber einen langen Atem beweisen wird. Wie hält man das aus? „Das ist erst einmal eine Einschränkung", sagt er, „das Nachdenken kommt später. Und dann ballt man die Faust in der Tasche und beschließt, die Durststrecke durchzuhalten." Mit einem „sehr kleinen Kreis von Kollegen" besucht er einen Deutschkurs an der Berlitz-Schule in Braunschweig. Und lebt drei Jahre in der Baracke, bis er ein Zimmer zur Untermiete findet.

Selbstverständlich sehnt sich die kasernierte und Socken waschende Männergesellschaft im Werk nicht in erster Linie nach einem Theaterbesuch, sondern nach Frauen. Anne von Oswald schildert, wie sich Fahrgemeinschaften bilden, die Ausflüge auf den Braunschweiger Strich unternehmen, wo allerdings schon bald ein weiblicher Arbeitskräftemangel herrscht. Zu romantischeren Aktivitäten kommen die Italiener nicht, weil Wolfsburger Kneipenwirte und Tanzlokalbetreiber sie abweisen – die deutschen Männer fürchten die Konkurrenz.

Ganze neun Jahre bleibt die ausländische VW-Belegschaft hinter dem Schlagbaum. Zwar muss Heinrich Nordhoff schon 1965 notgedrungen akzeptieren, dass die, die der Fabrik nicht sofort den Rücken gekehrt haben, „mehr und mehr Gefallen an ihrem Gastland finden und dableiben wollen. Der Generalkonsul schätzt den Anteil unserer Italiener, die Wolfsburger werden wollen, auf 80 Prozent. Das bedeutet Frauen, Kinder, Familien, Wohnungen, Schulen usw. Dieser Realität haben wir entgegenzusehen und uns darauf vorzubereiten." Man werde „in diesen sauren Apfel beißen müssen".

Es geschieht jedoch nichts und Schlimmeres: Die Rezession kostet Tausende in der Bundesrepublik ihre Arbeitsplätze – vor allem Ausländer. Von 6000 Arbeitern, die zum Beispiel bei Opel gehen müssen, sind 3870 keine Deutschen. Bei VW gibt es vordergründig keine Massenentlassungen: Das Unternehmen beschließt einen Einstellungsstopp und lässt einfach viele kurze Verträge auslaufen, ohne sie zu verlängern. Zusammen mit der anhaltenden Abwanderung senkt die Firma so innerhalb kurzer Zeit ihre Beschäftigtenzahlen.

Bald darauf – die Konjunktur erholt sich merklich – werden wieder italienische Arbeiter angeworben. Wie schon im ersten Jahr greift die Personalabteilung auf ihre ursprünglich durch den katholischen Generaldirektor Heinrich Nordhoff gepflegten Beziehungen zum Vatikan zurück. Über die katholische Arbeiterorganisation ACLI und Kirchengemeinden hören Italiener noch in den entlegensten Landstrichen davon, dass sie in Deutschland gebraucht werden. Und erneut bleibt nur die Hälfte von ihnen. „Wenn die Neuankömmlinge weiterhin provisorisch in sehr dreckigen Zimmern oder sogar auf dem Boden schlafen müssen, wenn ihnen kein Topf oder keine Pfanne zum Kochen zur Verfügung steht, solange den Italienern nicht die Möglichkeit gegeben wird, ihre Familien nachzuholen und solange nichts zur Freizeitgestaltung unternommen wird – denn sie können nicht nur von Arbeit leben – bis dahin wird weiterhin die große Fluktuation als Herrscherin regieren", heißt es 1970 in „Il nostro lavoro", dem Informationsblatt der italienischen IG Metall-Vertrauensleute. Im gleichen Jahr entschließt sich das Volkswagenwerk, seine ausländischen Arbeiter aus den Holzbaracken in feste Behausungen zu bringen. In Kästorf, wenige Kilometer nördlich von der Fabrik gelegen, soll ein Kleinhochhauskomplex entstehen. Mehrbettzimmer soll es jedoch weiterhin geben. „Ein Ghetto", kritisiert Rocco Artale das Vorhaben, „genau das, was wir nicht wollten."

Zurückblickend beschreibt Rocco Artale, der „schon als Kind mit dem Vater vor dem Fabriktor" gestanden hatte, die Sechzigerjahre als Phase der Organisation, „als wir begannen, Forderungen zu stellen." In den Siebzigerjahren haben Wolfsburgs Italiener „schon politische Wurzeln", sagt Artale, und sie mischen sich ein. Ihre Wohnsituation ist nicht nur ein Thema für den Betriebsrat bei VW, dem mit Lorenzo Annese bereits seit 1963 ein Italiener angehört, sondern auch im Rathaus. Das mehrstöckige Arbeiterwohnheim in Kästorf ist nicht mehr zu verhindern, doch endlich werden in dessen Nähe auch Werkswohnungen für Familien gebaut. Einerseits ist das ein Fortschritt: Einige italienische VW-Angehörige können mit ihren Frauen und Kindern zusammenleben. Andererseits bleiben die Italiener unter sich. „Deutsche wollten da nicht wohnen", sagt Rocco Artale. Statt deutsch-italienischer Nachbarschaftsbeziehungen, wie er sie sich wünscht, vergrößert sich das Ghetto: „Kästorf hatte im Grunde nichts verändert."

Einer wie Rocco Artale gibt nicht auf. 1974, als er Gewerkschaftssekretär der IG Metall wird, zuständig für Italiener und auch Tunesier, die seit vier Jahren angeworben werden, zieht ein alter Bekannter nach Wolfsburg. Es ist Antonio di Virgilio, Journalist und Mitarbeiter des italienischsprachigen „Radio Colonia" beim WDR. Jetzt wechselt er in die Verwaltung der Stadt, die eines der ersten Ausländerreferate der Bundesrepublik eingerichtet und ihn angestellt hat. Damit leitet ein Ausländer eine deutsche Behörde, was einer kleinen Sensation gleichkommt. Hans Karweik, im Hauptberuf Redakteur der „Wolfsburger Nachrichten", beschreibt den inzwischen verstorbenen di Virgilio als umtriebigen und gleichzeitig sehr dezenten Mann, „immer elegant und vollkommen uneitel. Schulterklopfen interessierte ihn nicht, er wollte Ergebnisse."

Auch Antonio di Virgilio beschäftigt sich mit der Wohnsituation der italienischen Bevölkerung. Erst 15 Prozent der VW-Männer haben ihre Familien nachgeholt. In anderen deutschen Städten sind es längst über 50 Prozent, doch in Wolfsburg mangelt es weiter an Wohnraum. Mit einem gewissen Sarkasmus weist di Virgilio schon bei seinem Amtsantritt darauf hin, „dass es in Wolfsburg keine Hinterhöfe und keine abbruchreifen Häuser gibt." Hinzu kommt, dass Arbeitsplätze für Frauen fehlen: VW beschäftigt keine Ausländerinnen – und möglichst nur unverheiratete deutsche Frauen. Erst 1978, sechzehn Jahre nach den ersten Anwerbungen, dürfen auch nichtdeutsche Frauen bei VW arbeiten.

Trotz dieser Widrigkeiten ändert sich langsam die italienische Bevölkerungsstruktur. Wie Heinrich Nordhoff schon vor langer Zeit erkannt hatte, geht es nun um Familien und damit auch um Kinder, die zur Schule gehen müssen. In Wolfsburg gerät die so genannte zweite Generation zwar erst später in Schwierigkeiten als im Rest der Republik, doch sie macht dieselben Erfahrungen. Ohne gezielte Förderung fällt es der Mehrzahl der Kinder schwer, dem Unterricht zu folgen. Sie sprechen kein Deutsch, ihre Eltern beherrschen es mehr schlecht als recht und können, auch weil sie selbst nur wenige Jahre zur Schule gegangen sind, ihrem Nachwuchs nicht helfen. In der Folge erreichen etliche ausländische Kinder nicht einmal den Hauptschulabschluss oder sie landen, von vornherein als hoffnungslose Fälle abgestempelt, auf der Sonderschule.

In Wolfsburg ist das immer noch nicht anders, als Rosa Losengo-Ries 1987 ihre Arbeit aufnimmt. Sie ist die neue Leiterin des Italienischen Kulturinstituts, das zwei Jahre zuvor eröffnet wurde. Zehn Prozent der Wolfsburger Schulkinder sind italienischstämmig – und 14 Prozent davon Sonderschüler. Altphilologin Losengo-Ries drängt darauf, etwas zu unternehmen. „Es war auch nicht einzusehen, warum italienische Kinder dümmer sein sollten als deutsche", sagt ihre langjährige Mitarbeiterin am Kulturinstitut, Marlies Ottimofiore.

Mit ihrer Empörung über den Werdegang italienischer Kinder rennt Rosa Losengo-Ries bei Antonio Virgilio, Rocco Artale und Lorenzo Annese offene Türen ein. Ende der Achtzigerjahre bereiten das Kulturinstitut und das Ausländerreferat die „Europäischen Begegnungstage der Sprachen und Kulturen“ in Wolfsburg vor. Den verschwommenen Titel der Tagung ergänzt die etwas deutlichere Unterzeile „Europäische Bildungs- und Ausbildungspolitik für Sprachminderheiten in Niedersachsen und Wolfsburg.“ Für ihre Resolution, welche die Teilnehmer der dreitägigen Veranstaltung am 30. September 1990 verabschieden, finden sie noch klarere Worte: Wolfsburg braucht eine bikulturelle, deutsch-italienische Schule.

Diese Überlegung ist keinesfalls über Nacht entstanden – aber doch in überraschend kurzer Zeit, wenn man bedenkt, wen die Initiative mobilisieren konnte, an der Tagung teilzunehmen und die Resolution zu unterzeichnen: sämtliche verantwortlichen politischen Kräfte der Stadt, vom Oberbürgermeister bis zum Kulturdezernenten, den amtierenden italienischen Botschafter und den italienischen Staatsrat, Vertreter des niedersächsischen Kultus- sowie Wirtschaftsministeriums – und, neben diversen namhaften Referenten, einen, der sich zuvor genau überlegt hatte, wie das Modell funktionieren muss: Uwe Sandfuchs, Erziehungswissenschaftler von der Universität Hildesheim. Eine deutsch-italienische Schule, so sein Grundgedanke, vermittelt beide Sprachen und beide Kulturen gleichrangig. Außerdem soll sie „offen sein für alle interessierten Deutschen und Italiener aller Leistungsstärken, aller sozialen Schichten“, also als Gesamtschule geführt werden.

Im Aufbau ist von da an nichts Geringeres als ein Schulversuch. Das Projekt soll 1993 als Grundschule starten. Viele Fragen sind zu klären: Woher kommen die Lehrer? Welche Fächer werden auf Deutsch, welche auf Italienisch unterrichtet? Wie sollen Lehrpläne und Unterrichtsmaterial aussehen? Genau zum richtigen Zeitpunkt gesellt sich daher Antonio Riccò zu den treibenden Kräften der Planungsgruppe. Der neue Mitarbeiter der italienischen Botschaft ist zuständig für Schulpolitik und sofort für die zukünftige Schule zu begeistern: Er besorgt und prüft italienisches Unterrichtsmaterial. Hans Karweik, mittlerweile ebenfalls in der Planung engagiert und späterer Elternratsvorsitzender, nennt ihn den „Motor von Seiten des italienischen Staates". Marlies Ottimofiore erinnert sich daran, dass Riccò, in Hannover ansässig, „zwei Drittel seiner Reisen nach Wolfsburg aus eigener Tasche bezahlte."

Wie groß die Schule wird, ermittelt das Ausländerreferat. Es verschickt Broschüren an Eltern mit Kindern im passenden Grundschulalter und registriert ein großes Interesse – besonders bei den Deutschen. „Damals waren die Erwartungshaltungen der Eltern noch unterschiedlich", erklärt Marlies Ottimofiore, „die Italiener sahen den Vorteil für ihre Kinder vor allem darin, in ihrer Muttersprache lernen zu können und ihre Bindung an Italien zu erhalten. Bei den Deutschen spielte der Gedanke an eine karriereförderliche Ausbildung die größere Rolle."

Je 20 italienische und deutsche Erstklässler sowie sechs Kinder aus binationalen Verbindungen stellen den ersten Jahrgang der Schule, die zunächst unter dem Dach der Alt-Wolfsburger Grundschule untergebracht ist. Eine deutsche und eine italienische Lehrerin unterrichten gemeinsam. In der Theorie sind die Schulgründer gegen erste Schwierigkeiten gewappnet. „Jedes Planungselement" sei auf mögliche ungewollte Nebenwirkungen hin zu analysieren, warnte Uwe Sandfuchs schon im Vorfeld, „die Praxis wird dann noch genug davon bereithalten." So ist es: Ein Fahrdienst muss zum Beispiel organisiert werden, da die Schulanfänger aus verschiedenen Teilen der Stadt kommen. Mathematik, stellt sich heraus, kann nur eine Sprache haben – zählen und rechnen und auch noch eine neue Sprache lernen, das ist zuviel verlangt. Eltern sorgen sich um Zeugnisnoten. Was, wenn ihr Kind sich als herzlich sprachunbegabt erweist? Dann soll sich das „nicht nachteilig" im

Zeugnis niederschlagen, lautet die Antwort. Auch die Lehrerinnen betreten Neuland. Sie sind gefordert, sich ständig abzustimmen und als Duo zu arbeiten. Das Motto, das sich die Schule auf ihre Fahne geschrieben hat – „Miteinander lernen, um voneinander zu lernen" – gilt für alle.

Heute besuchen 518 Kinder die wahrscheinlich meistbeschriftete Schule Niedersachsens. Jedes noch so kleine Schild auf den Fluren des Gebäudes ist in zwei Sprachen verfasst, jedes Klebeetikett auf den Kisten im Materialraum. Auch in den Klassenzimmern, besonders denen der Kleinen, wimmelt es von Buchstaben, Zeichen der zweisprachigen Alphabetisierung. Malen, Basteln, Theaterspielen und Singen kommen dabei nicht zu kurz, sondern sind feste Bestandteile des Unterrichts. Zusätzlich wird regelmäßig gemeinsam gekocht, selbstverständlich nach verschiedenen Landesrezepten.

Mit der Leistung der Schule können alle zufrieden sein. Schon vom Pionierjahrgang qualifizierten sich 22 Schüler für das Gymnasium, und selbst wer seine Zukunft nicht auf der Universität sieht, hat mit Sicherheit mehr gelernt als Gleichaltrige an einer Regelschule. Sprachlich ohnehin – „selbst der schlechteste deutsche Schüler versteht alles", konstatiert die Fachbereichsleiterin für interkulturelle Bildung, Milena Hienz de Albentiis –, aber auch, was die eigene und die andere Kultur ausmacht.

Die Gleichberechtigung von Kulturen an einer Lehranstalt sorgt selbstverständlich nicht dafür, dass überall in Wolfsburg die deutsch-italienische Freundschaft gepflegt wird. Noch im November 2003 stellte der CDU-Ratsherr Benno Klett seine interkulturelle Inkompetenz unter Beweis, als er eine Gruppe demonstrierender italienischer Gewerkschaftsleute als „Kanaken" beschimpfte. Ein Teil der noch jungen Bevölkerung aber könnte inzwischen in zwei Sprachen erzählen, wie die Italiener in Wolfsburg sesshaft wurden und Heinrich Nordhoff in den sauren Apfel beißen beziehungsweise, wie es im Italienischen heißt, die Kröte schlucken musste. Und wenn es eines Tages heißt, das Wahlrecht für Ausländer sei ursprünglich auf eine Wolfsburger Initiative zurückzuführen, sollte sich niemand wundern.

## *Die Flucht vor dem Kontoauszug*

### Übungen im Dolce far niente

Bis man es beherrscht, ist das süße Nichtstun die anstrengendste aller Künste. Der Anfänger muss zu Beginn seiner Laufbahn sehr aufmerksam sein. Braucht es Olivenbäume, eine Piazza, Sonnenschein? Selbstverständlich nicht. Zunächst gilt es, das Nichtstun und das Nichtarbeiten auseinander zu halten. Freizeit ist zwar hilfreich, um nichts zu tun, doch gerade der Anfänger neigt dazu, hier entscheidende Fehler zu machen: Er füllt die Freizeit mit Aktivität. Er sprengt den Garten, er packt Kühltaschen, er kauft ein Buch. In jedem Fall wird er hinterher behaupten, den ganzen Tag nichts getan zu haben. Er sei nicht ein Mal vom Liegestuhl hochgekommen, wird er sagen, beziehungsweise vom Picknick am See erzählen, das bewusst ganz ohne Federballspiel abgehalten worden sei. Der Novize übersieht dabei, dass er bei seinem ersten Versuch damit beschäftigt war, einen Schlauch auszurollen, sich wieder einmal über den Wasserdruck ärgerte und der Schlauch immer noch zu kurz für die Versorgung des kleinen Birnenbäumchens in der hintersten Gartenecke ist – bevor er auf seinem Liegestuhl zusammenbricht, hat der Anfänger noch einen großen Eimer Wasser schleppen müssen. Er kann jetzt nichts mehr tun, aber Nichtstun kommt nicht von Nichtstunkönnen. Ähnlich verhält es sich mit dem federballlosen Picknick. Trotz absichtlich gedrosselter Betriebsamkeit vor Ort zählt der Ausflug an den See zum Tun: Brote schmieren, Salat machen, Flaschen bereitstellen, Kühlelemente aus dem Eis schlagen, Tasche füllen und vergessen, ins Auto steigen, Verkehrsnachrichten beachten, Mitfahrer unterhalten, umdrehen und stehen gelassene Tasche holen, weiterfahren, ankommen, Platz vom letzten Jahr unter großem Baum suchen, neuen Platz auch schön finden. Es erfordert jahrelange Übung, in und nach solchen Momenten nichts zu tun.

Nachträglich analysiert, bringt diese Übung den Anfänger jedoch einen großen Schritt weiter. Er versteht und verinnerlicht die erste Lektion – Nichtstun bedarf keiner Vorbereitung. Entsprechend enttäuscht ist er, wenn ihm das Buch madig gemacht wird. Lektüre kaufen, echauffiert er sich, könne unmöglich unter „Vorbereitungen" fallen. Was, wenn er das Buch kauft, es aber eine Woche liegen lässt? Was, er hebt triumphierend die Stimme, wenn er im Internet bestellt und das Buch mit der Post kommt? Ach so.

Ja, auch ohne nebenher zu trinken oder zu essen, bewegt ein Lesender mehr als seine Augen. Lesen hält das Gehirn auf Trab, es muss Buchstaben erkennen und in Worte übersetzen, aus Sätzen Bilder entstehen lassen und ans Umblättern denken. Hat der Anfänger dies erkannt, darf er sich zu den Fortgeschrittenen zählen, und wie jeder Weitergebildete wird er sich erst einmal selbst überschätzen.

Der Fortgeschrittene weiß nun, dass er keine spezielle Situation heraufbeschwören muss, um nichts zu tun. Dennoch verschafft er sich selbst einen herben Rückschlag, indem er sich vornimmt, nichts am nächsten Tag zu tun. Dieser Tag endet in einem Fiasko. Stundenlang bemüht sich der eben noch Erleuchtete, in keinerlei Aktivität auszubrechen, und kann doch nur daran denken. Er fragt sich, ob seine Kontoauszüge geordnet sind, ob sehr viel Staub auf dem Bücherregal liegt, ob noch genug frische Socken vorhanden sind. Er denkt an einen alten Freund, bei dem er sich längst hätte melden müssen. Eine quälende Nervosität macht sich in ihm breit, er möchte auf der Stelle

Marathonläufer werden und jeden Tag trainieren dürfen. Schließlich hält er es nicht mehr aus und putzt das Badezimmer. Am Abend ist er so erschöpft, dass er mehrere Wochen lang nie nichts tut.

Erfahrene Nichtstuer kennen die großen Schwierigkeiten, mit denen Fortgeschrittene zu kämpfen haben. Darüber hinaus wissen sie aber auch, dass in diesem Stadium keine Ratschläge helfen. Dem Gestrauchelten muss vielmehr etwas geschehen, und darauf hat niemand Einfluss außer ihm selbst. Mit Fug und Recht kann man es daher auch als eine Glückssache betrachten, wenn dem Fortgeschrittenen unvermittelt das entscheidende Erlebnis widerfährt: Da sitzt – oder steht, das tut nichts zur Sache – er nämlich eines Tages irgendwo herum und hat nichts im Blick. Nichts beschäftigt ihn sonderlich, er denkt mal hier- und mal dorthin, verspürt keinen Hunger und keinen Durst. Er hat nichts vor, kein Termin drängt ihn, und er will auch gar nichts ... tun. Ein angenehmer Zustand ist das, wundert er sich und belässt sich darin.

Erste Übungen dieser Art dauern übrigens für gewöhnlich nicht lange und führen trotzdem bei manchen Erstnichtstuern zu schlechtem Gewissen. Hätten sie, anstatt nichts zu tun, nicht wenigstens eine Kleinigkeit erledigen sollen, je nachdem, wo sie nichts taten? Die Antwort dämmert ihnen meist schnell: Warum? Das hilft immer, denn kein schlechtes Gewissen rechnet mit einer Gegenfrage.

Bis zur Meisterschaft ist es noch weit, das süße Nichtstun erfordert viel Praxis. Ist man aber über die ersten Hürden hinweg, geht es locker voran. Wer will, darf auch Vorlieben entwickeln – im Nichtstun ist alles erlaubt, sogar rauchen. Ein warmer Stein eignet sich hervorragend zum Anlehnen und Nichtstun, eine Brücke, die über einen kleinen Fluss führt, ist ein schöner Standort, eine schnurrende Katze auf dem Bauch ein guter Grund, ein Platz an einer

Tafel, nach der Mahlzeit ... He, empört sich der Anfänger, das letzte Beispiel gilt nicht! Nichtstun bedarf keiner Vorbereitung, erste Lektion!

Das ist richtig. Doch wer das süße Nichtstun lieben gelernt hat, dem zeigt es immer wieder Gelegenheiten, sich ihm zu widmen. Und außerdem sprachen wir auch über jahrelange Übung.

# *Da capo!*

## Lieder zwischen blauen Nachmittagen und Mordlüsternheit

Ich hatte Glück. Ende des Jahres 1968 war Rita Pavones grässlicher Schlager „Arrivederci, Hans“ in Deutschland sehr beliebt. Karl-Heinz Stegmaier aber, autonomes Mitglied unserer Familie, war besessen von Adriano Celentanos „Azzurro“. Wenn ich unter seiner Aufsicht stand, lief das von Paolo Conte geschriebene Stück pausenlos, was mich, damals vierjährig, selbstverständlich nicht störte. Karl-Heinz Stegmaier hatte mir beigebracht, wie man Schneckenbilder malt: Man fängt in der Mitte des Papiers an und tupft alle Tuschkastenfarben in einer Spirale darauf, bis kein Platz mehr ist. Dazu hört man „Azzurro“. Wenn ein Bild fertig war, fing ich ein neues an; wenn das Lied ausgeklungen war, setzte Karl-Heinz Stegmaier die Nadel wieder an den Anfang der Schallplatte. Wir waren rundum zufrieden. Wie lange das so ging, lässt sich nicht mehr ermitteln. Es muss sich aber um einen beachtlichen Zeitraum gehandelt haben, denn meine Verwandtschaft erinnert sich sehr wohl an mein umfangreiches Schnecken-Oeuvre.

„Azzurro“ steht weiterhin und unverrückbar an erster Stelle der Liste meiner fünf italienischen Lieblingstitel. Es ist ein heiteres Lied, auch wenn – wie ich erst sehr spät herausfand – Adriano Celentano innerhalb der Strophen von Langeweile singt und im Refrain beklagt, dass er den langen, blauen Sommernachmittag ohne die Liebste verbringen muss. So schlimm ist es nicht: Sie verbringt nur die Ferien am Strand und wird zurückkehren.

Ausgesprochen munter schien mir auch „Michelemmà“, ein neapolitanisches und mit einem Langenscheidt-Wörterbuch unübersetzbares Lied von 1650, gesungen von Romano Zanotti. Musikalisch ist die derzeitige Nummer zwei meiner Hitparade von großer Leichtigkeit. Die Plattenfirma hat die Worte des Dichters Salvador Rosa jedoch ins Französische übertragen. Michelemmà, stellte sich heraus, ist danach am Meer geboren und wird nun in einer Bucht gefangengehalten; dort, wo die Türken sich ausruhen. Glücklich die Männer, denen die Tochter eines Anwalts ihre Gunst schenkte, heißt es weiter, sie werfen sich ihr an den Hals – doch sie tötet ihre Liebhaber, einen nach dem anderen. Seit ich Michelemmàs Schicksal und Methoden kenne, trällere ich nicht mehr ganz unbefangen mit.

Ähnlich erging es mir mit der ergreifenden Klage „La morte di Mariteto“, eingespielt von der „Nuova Compagnia di Canto Popolare“. Nachforschungen ergaben zum einen, dass Mariteto kein italienischer Vorname, sondern ein neapolitanisches Wort für Ehemann ist – und zum anderen, dass der Sänger nicht etwa dessen Tod betrauert, sondern herbeiwünscht, weil er die Frau des anderen begehrt.

Zum Ausgleich steht „Anna e Marco“ von Lucio Dalla auf dem vierten Platz. Auch diesem Lied liegt das Unglück zugrunde – es ist das triste Leben in der Vorstadt, wo alle Hoffnung so weit entfernt scheint wie „die andere Seite des Mondes.“ So gnadenlos Dalla aber Anna und Marcos Aufeinandertreffen in einem schäbigen Tanzschuppen beschreibt – zum Schluss lässt der Menschenfreund sie Hand in Hand wie Kinder davongehen, und das tröstet.

Die Nummer fünf – auch jetzt werden weder Eros Ramazotti noch Gianna Nannini auftauchen – bleibt einem Lied vorbehalten, das mir erst ein Mal zu Ohren kam. Ich hörte es vor einigen Monaten, als ich die Stuttgarter Rothebühlstraße entlangstromerte und ein hässliches

Hochhaus passierte. Niemand war zu sehen, doch ganz in meiner Nähe schluchzte ein italienischer Tenor eine mir unbekannte Melodie. Nach der Quelle suchend – einem Autoradio, einer offenen Gaststättentür – blickte ich endlich ein wenig höher und entdeckte in einem der oberen Stockwerke des Betonklotzes einen Fensterputzer. Er wienerte eine Scheibe und sang so schön, dass ich stehen bleiben musste.

Bei nächster Gelegenheit werde ich herausfinden, wann Fensterputztag in der Rothebühlstraße ist. Ich werde zuhören und so lange warten, bis das geheimnisvolle Lied im Repertoire des Fensterputzers auftaucht. Wahrscheinlich handelt es von Mord und Totschlag, Verrat und unerfüllter Liebe. Ich werde ihn trotzdem bitten, es gleich noch einmal zu singen. Und noch einmal.

## *Das Meer von Bologna*

### Meilensteine der nonverbalen Kommunikation

Worum manche Deutsche die Italiener glühend beneiden, das ist ihre Art, mit den Händen zu reden. „Sie machen so, beziehungsweise so“, berichten Italienreisende selbst noch heute gern und verrenken sich seltsam, um das Erzählte zu untermalen; nicht selten übernehmen sie bald die eine oder andere Geste in ihren Körpersprachgebrauch. Das ist nicht schlimm, so lange sie es nicht übertreiben. Bei aller Fuchtelei aber ist mir eine Ausdrucksform die liebste: das kurze „t“. Man lockt es hervor, indem sich die Zungenspitze kurz am Gaumen festsaugt, unmittelbar hinter den oberen Schneidezähnen, und sich wieder löst. Das Geräusch, das dabei entsteht, ist ein ganz eigenes, fern von Schnalzen oder Schmatzen, ein präzises, trockenes – es klingt, als spräche man den Buchstaben „t“ rückwärts aus.

So ein „t“ meint vor allem ein schnelles, unmissverständliches „Nein“, wenn man nicht viele Worte machen will. Gleichzeitig drückt das „t“ Missbilligung und Ablehnung aus und kann sogar leise Verachtung deutlich machen – es gibt wohl kaum ein Geräusch, das so praktisch und vielseitig einsetzbar ist. Wie viele Wörter es außerdem spart, erlebte ich in Bologna, wo ich vor ein paar Jahren kurze Ferien verbrachte.

Mein Bolognabegleiter Herr O. und ich kehrten nach einem ausgiebigen Abendessen kurz vor Mitternacht zu unserer angemieteten Ferienwohnung zurück. Eine besonders geräumige Unterkunft war das, mitten in der Stadt gelegen, geschmackvoll eingerichtet und durch und durch mit feinstem Parkett ausgelegt. Während ich nach dem Schlüssel suchte, hörten wir ein Rauschen. Es kam aus unserer Wohnung und klang nach ergiebigem Regen. Wir sahen uns an. War unser Vermieter vorbeigekommen, eine Dusche nehmen? Ich öffnete die Tür und schaltete das Licht ein: Auf dem Dielenboden wogte die See, gespeist durch einen Wasserfall, der aus der Gastherme rauschte. Wir standen starr und still, dann zog Herr O. seine Schuhe aus und kämpfte sich durch die Fluten auf das sprudelnde Gerät zu.

Hier war jedoch nichts zu machen. Den Haupthahn galt es zu finden! Und einen Eimer! Fluchend patschten wir durch die Räume, stellten eine Wanne unter die Kaskaden, doch die Stelle, an der man die Quelle zum Versiegen bringen konnte, entdeckten wir nicht. Ich beschloss, Hilfe bei den Nachbarn zu holen, doch die waren schon da: Drei Studenten aus dem Stockwerk unter uns, bekleidet mit Boxershorts, T-Shirts und riesigen grauen Filzpantoffeln, standen vor der Tür. Wasser lief in ihre Wohnung, riefen sie aufgeregt durcheinander, Wasser! Es komme von oben, meldete einer, vielleicht von uns! Das wüsste ich, sagte ich und deutete auf die Gastherme. Abstellen, wir müssten das abstellen, quiekten die Boxershorts. Richtig, warf ich dazwischen, wir hätten bloß keine Ahnung, wo. Sie vielleicht? Für eine Sekunde verstummte die Runde. Nein.

Dann sollten sie jetzt bitte helfen, drängte ich und machte die internationale Handbewegung für Haupthahn abdrehen. Die jungen Männer sahen mich verständnislos an. Ich bedeutete ihnen, gefälligst einzutreten – sie blickten auf die wasserumspülte Kommode am Eingang und auf ihre Filzpantoffeln. Ausziehen, herrschte ich sie an, und weil ich das auf Deutsch tat, kam es wenigstens nicht zu weiteren Missverständnissen. Einer immerhin folgte mir, während die anderen erklärten, die Feuerwehr rufen zu wollen. Barfuß hühnerte nun also einer der Studenten ins Schlafzimmer, ich dagegen sah nach Herrn O., der sich in den Unterschrank der Küchenspüle gezwängt hatte und hier endlich einen Hebel ertastete: Das Pladdern fand ein Ende und wurde von harmlosem Tröpfeln abgelöst.

Herr O. und ich begannen, das Meer von Bologna mit Kehrschaufel und Handtüchern auszutrocknen. Zwischendurch sprach ich unserem Vermieter auf den Anrufbeantworter, dann ging ich hinunter zu den Studenten, bei denen mittlerweile die Feuerwehr eingetroffen war.

Das Wasser hatte sich seinen Weg durch einen feinen Riss in der Decke eines der Schlafzimmer gesucht, die mit Etagenbetten möbliert waren. Der Schaden schien nicht besonders schlimm ausgefallen zu sein. Auf dem oberen Bett stand ein Plastikeimer, in den es ein wenig tropfte. Daneben saß allerdings ein Feuerwehrmann und setzte einen Meißel an den Riss an. Und die Studenten umringten im Nachbarraum einen weiteren Uniformierten und klagten weh. Er schob sie beiseite und trat auf mich zu – ein überraschend rothaariger, hellblauäugiger Feuerwehrmann, offensichtlich der Einsatzleiter. Ob ich von oben käme, fragte er streng. Ja, sagte ich und überlegte nicht zum ersten Mal in dieser Nacht, ob ich mich womöglich schuldig gemacht hatte. Die Therme hatte ich nicht berührt, aber die Spülmaschine benutzt. Hatte ich da womöglich etwas falsch gemacht? Was sagte meine Haftpflichtversicherung zu Sturmfluten im Ausland?

Ich müsste später noch etwas unterschreiben, sagte der Rothaarige. Gut. Was der Kollege da auf dem Bett mache, wollte ich wissen. Er atmete einmal tief durch und schloss dabei die Augen. Der prüfe, ob die Decke einsturzgefährdet sei, bekam ich zur Antwort. Die Studenten standen bebend im Türrahmen; sie wackelten aufgeregt mit den Köpfen und wichen ein Stück zurück.

Ich ging zurück zur Unglückstherme. Herr O. hatte die Aufräumarbeiten beendet und schmauchte gelassen eine Zigarette. Unser Vermieter hatte sich gemeldet; morgen würde er mit Handwerkern vorbeischauen, wir sollten uns keine Gedanken machen. Von unten hörten wir ein Klopfen. Wenig später tauchte der Feuerwehrchef auf, einen der Studenten im Schlepptau. Mit einer müden Handbewegung legte er ein Klemmbrett auf die Kommode: das Schadensprotokoll, wir möchten es bitte unterzeichnen. Während ich das tat, fragte ich nach der Zimmerdecke. Hatten sie etwas Gefährliches festgestellt? Die Augen des Feuerwehrmannes wanderten kurz zu dem Studenten, dann zurück zu mir. Sein Gesicht blieb regungslos, nur die Oberlippe zog er leicht nach oben. „T“, machte er und legte in diese Äußerung seine ganze, von Herzen kommende Verachtung für studierende Waschlappen, die Männern wie ihm die Zeit stahlen. Dann nickte er Herrn O. und mir einmal kurz zu und ging, ohne den Studenten eines Blickes zu würdigen.

Nie wieder habe ich es formvollendeter gehört, das „t“.

# *Aufgedreht am Tellerrand*

## Ode an die Nudel

P wie Pappardelle, A wie Agnolotti, S wie Spaghetti, T wie Tortelli, A wie „aaaah": Pasta schmeckt, sättigt, tröstet. Sie ist schnell gemacht, wenn es zügig gehen muss; mit ihr lässt sich ein langer Nachmittag vertreiben, wenn man sie von Hand herstellt und sich einer aufwändigen Füllung widmet. Verdanken wir sie aber wirklich den Italienern? Müsste dieses Kapitel nicht „Wie die Chinesen unser Leben verschönert haben" heißen? Und machen wir uns lächerlich, wenn wir zur Bewältigung glitschiger Cappelini einen Löffel benötigen?

Man kann die Einführung der Pasta nach Deutschland getrost den italienischen Arbeitern der ersten Stunde zuschlagen. Sie standen nicht erst in den Gemeinschaftsküchen ihrer Wohnheime vor der Frage, woher sie ihre vertraute Nationalspeise nehmen sollten – so mancher von ihnen verließ die Heimat zur Sicherheit mit Spaghetti im Gepäck. Auch Kochutensilien wurden in die Fremde transportiert, wie eine bemerkenswerte Ausstellung des Westfälischen Industriemuseums über „Italienische Zuwanderung und deutsche Italiensehnsucht" im Jahre 2003 zeigte: Zu den Exponaten zählte neben Nudelhölzern und Teigschneideapparaturen auch ein großer Spaghettikochtopf. Der Leihgeber, Santino Masotano, war in den Sechzigerjahren mit ihm ausgereist, da er befürchtete, im Ruhrgebiet nur Töpfe mit geringerem Fassungsvermögen zu finden.

Nudeln gab es selbstverständlich in Deutschland, auch Rezepte für italienische Nudelgerichte. Den Unterschied zwischen Pasta und heimischer Ware erklärten Katinka und Herrmann Mostar in „Was gleich nach der Liebe kommt – Katherlieschens Kochbuch“ schon 1956: „Beim Einkauf haben Sie die Wahl zwischen deutschen und italienischen Spaghetti; der Preis ist neuerdings so ziemlich gleich, die Spaghetti aber nicht: Die italienischen sind aus Hartgrieß ohne Eigehalt hergestellt, während die deutschen einen hohen Eigehalt ausdrücklich angeben; demgemäß ist ihre Farbe von schönerem Gelb, doch ist die Gefahr weit größer, dass sie breiig werden.“

Es wird anfangs an geringen Sprachkenntnissen, mangelnden Ortskenntnissen und nicht zuletzt an der wenigen Zeit für Besorgungen gelegen haben, dass sich Italiener um den Nachschub sorgten. Das Versorgungsproblem war ohnehin nicht von Dauer. Mariano Bresciani, ehemaliger Mitarbeiter im Internationalen Sozialdienst der Caritas, erinnert sich an einen Lieferservice unter vielen, den ein italienischstämmiger Hausmeister aus Bonn führte: „Der fuhr mit einem VW-Käfer zu einem Großhändler und danach von Wohnheim zu Wohnheim, das Auto war vollgestopft mit Spaghettipäckchen.“ Ähnlich arbeiteten übrigens auch Friseure, wie der *assistente sociale* bei seinen Besuchen der Arbeiterunterkünfte beobachtete – und andere Dienstleister. Bresciani wurde jedenfalls auch einmal eine Frau als *assistente sessuale* vorgestellt.

Bald jedoch eröffneten die ersten italienischen Einzelhändler ihre Geschäfte, und auch unter den Deutschen wurde Pasta immer populärer – so sehr, dass die deutsche Lebensmittelindustrie sich Marktchancen für Fertigprodukte ausrechnete und bedauerlicherweise sogar Recht behielt. Anfang der Sechzigerjahre kamen die berüchtigten Dosenravioli auf den Markt, fünf Jahre später die „Miracoli“-Packung mit Tomatenmark und Gewürzmischung. Was die getrocknete Nudel betrifft, so glich sich die deutsche der italienischen Zubereitung an – allerdings war es ein langer Weg, bis die Deutschen ihre Spaghetti nicht mehr labberig weich kochten. „Katherlieschens Kochbuch“ empfahl zwar, auf „ein Pfund in wenigstens zweieinhalb Liter gut gesalzenes und sprudelnd kochendes Wasser“ zu rechnen und die Spaghetti „langsam hineingleiten“ zu lassen – „dann brechen sie nicht und essen sich nachher viel leichter“ –, allerdings riet das Autorenpaar zu einer Garzeit von „höchstens“ fünfzehn Minuten: „So werden sie kernig und fest.“ Sieben Jahre später machte Lilo Aureden in „Was Männern so gut schmeckt“ alles noch schlimmer. „250 g Spaghetti in siedendem Salzwasser auf kleiner Flamme 15 Minuten ziehen lassen. Auf ein Sieb schütten, mit kaltem Wasser abschrecken.“

„Spaghettifresser“, so beschimpften Deutsche die italienischen Arbeiter in den Fünfzigerjahren – heute kocht jeder Knödeldreher seine Nudeln „al dente“. Dass die *pasta asciutta* der ersten italienischen Restaurants „Pastaschutta“ genannt wurde und kein Mensch dies mit „getrocknete Nudeln“ zu übersetzen wusste, ist lange her. Die Deutschen sind selbst Spaghettifresser geworden, und zwar durch alle Schichten hindurch. Kinder ließen sich, wenn man ihrem Willen entspräche, bis zu drei Jahre lang von Spaghetti ernähren – dies jedenfalls ergab eine Umfrage in meiner Nachbarschaft –, aber auch die älteren Mitglieder der Gesellschaft schätzen die Nudel. Sie nährt alle, vom Arbeitslosen bis zum Aufsichtsrat: Wer muss, kauft Spaghetti und Tetrapacktomaten im Supermarkt; wer kann, versorgt sich im italienischen Feinkostgeschäft mit hausgemachter Ware und Steinpilzen.

Sechs Kilogramm Pasta verzehren die Bundesbürger durchschnittlich pro Kopf und Jahr. Damit liegt Deutschland gemeinsam mit Frankreich an zwölfter Stelle im internationalen Vergleich, den Italien mit 28 Kilogramm anführt, interessanterweise gefolgt von Venezuela mit 13 Kilogramm. Die Schweiz kommt auf beachtliche 10,1 Kilogramm und Schlusslicht ist übrigens Irland mit einem Kilogramm. Nicht nur im Konsum, auch im Export ist Italien Marktführer, sagt der Verband der industriellen Pastaproduktion Italiens, U.N.I.P.I.: Fast 1,3 Millionen Tonnen Pasta exportierten seine Mitglieder 2003 in die Welt.

Dass Marco Polo die Nudel von seiner langjährigen Erkundungstour durch das „Reich der Mitte" nach Italien gebracht haben soll, gilt nicht nur der U.N.I.P.I. als geschichtsverfälschende Legende. In seinem Reisebericht, den der venezianische Kaufmannsohn dem Schriftsteller Rusticello da Pisa während der gemeinsamen Kriegsgefangenschaft diktierte, spielen Nudeln keine wesentliche Rolle. Marco Polo erwähnt vielmehr, dass auch in China Weizen zu Maccheroni verarbeitet wird – die Bezeichnung muss ihm also schon geläufig gewesen sein. Darüber hinaus vermachte der Genoveser Soldat Ponzio Bastone, wie ein Schriftstück im Staatsarchiv in Genua beweist, seinen Erben bereits am 4. Februar 1279 einen Korb Maccheroni. Auch das Pasta-Museum in Rom hütet Belege dafür, dass die Nudel eine ureigene italienische Angelegenheit ist und auf keinen Fall vor Marco Polo aus Asien oder dem arabischen Raum nach Südeuropa gelangt sein kann. Vor allem beruft man sich auf etruskische Funde: In Orvieto und Cerveteri stieß man auf Darstellungen von Pasta-tauglichem Haushaltsgerät, und niemand zweifelt daran, dass diese Rundhölzer und Teigrädchen allein in der Nudelproduktion eingesetzt worden sind.

Fraglich ist allerdings, ob Spaghetti und Maccheroni jemals so beliebt geworden wären, hätte sich nicht ab dem 16. Jahrhundert die Tomate in Europa verbreitet. In vielen Regionen hielt sie mit reichlich Verspätung Einzug in die Küchen – zuerst einmal musste man herausfinden, dass die

Zierfrucht in gereiftem Zustand nicht mehr giftig, sondern sogar schmackhaft ist: Nördlich der Alpen waren 1819 erst vier Sorten bekannt. Noch 1866 wurde die Tomate in Norddeutschland nur als Zierpflanze, in Süddeutschland aber in sieben Sorten als „Zukost- und Suppenpflanze" angebaut. Da waren die Köche anderswo längst weiter. In Joachim Camerarius' Kommentar zum Kräuterbuch von Mathiolus – geschrieben 1586, gedruckt 1626 – heißt es: „Amoris poma (Liebesapfel) oder Goldäpffel (Poma aurea): In Welschland (Italien) pflegen diese Früchte etliche zu essen mit Pfeffer, Oel und Essig gekocht, aber es ist ein ungesunde Speiß, und die gantz wenig Nahrung geben kann." In Neapel wurde erstmals ausprobiert, wie sich die Pasta mit der Tomate vertrug – die Komposition überzeugte auf der Stelle.

In Neapel sowie Ligurien begann nun auch die industrielle Pastaproduktion, die sich in der jüngeren Geschichte noch zwei schweren Angriffen ausgesetzt sah, wovon der erste eine unmittelbare Folge der russischen Oktoberrevolution war: Die italienischen Pastahersteller verwendeten nämlich für ihren Teig keinesfalls heimischen Hartweizen, sondern importierten einen besonders kleberhaltigen aus dem Schwarzmeergebiet. Als unter Lenin allerdings das staatliche Weizenmonopol eingeführt wurde, der Weizenanbau zurückging und es zu Hungersnöten in der Sowjetunion kam, lag der Export brach. Pasta musste mit Hartweizen aus anderen Ländern und eigenem Anbau hergestellt werden. Dabei blieb es auch, nachdem die sowjetische Landwirtschaft wieder gewohnte Mengen produzierte.

Die Rezeptur der Pasta war kaum geändert, als der futuristische Schriftsteller und Faschist Filippo Tommaso Marinetti auf den Plan trat und „die Abschaffung der Pasta asciutta, dieser absurden Religion der italienischen

Gastronomie“ forderte. In seinem „Manifest der futuristischen Küche“ von 1930 prognostizierte der Gefolgsmann Mussolinis, „in dem zu erwartenden künftigen Weltkrieg“ werde „das agilste und sprungbereiteste Volk siegen“, zu dem die Italiener erst werden müssten: „Indem sie Pasta essen, entwickeln sie den typischen ironischen und sentimentalen Skeptizismus, der oft ihren Enthusiasmus beschneidet.“ Da Marinetti offenbar wenig Gehör fand, fügte er dieser Veröffentlichung wenige Wochen später das „Manifest der italienischen Küche“ hinzu, in dem er noch einmal eindringlich vor der Pasta warnte, die „pazifistisch“ mache. Es heißt, die Forderung sei seinerzeit viel diskutiert worden – bekannt ist jedoch auch, dass Marinetti Zeitungsberichte fälschte und sogar Leserbriefe erfand, um Mussolini von der angeblich großen Resonanz auf seine futuristischen Thesen zu überzeugen.

Die Italiener stellten ihre Ernährung jedenfalls nicht um. Vielleicht, weil Pasta tatsächlich skeptisch macht. Vielleicht aber auch, weil sie inzwischen das eine oder andere Rezept aus Marinettis futuristischer Küche nachgekocht hatten, zum Beispiel das Gericht „Exaltiertes Schwein“: eine rohe, gepellte Salami in heißem Espresso, gemischt mit Eau de Cologne.

Nun, da die italienische Nudel weltweit und in vielfältigsten Formen existiert, kann ihr niemand mehr etwas anhaben. Je nachdem, welcher Diät-Trend gerade Schule macht, wird sie auch hierzulande sicherlich noch das eine oder andere Mal zum Dickmacher auserkoren, aber immer wieder rehabilitiert werden. Zu groß ist die Schar der deutschen Pasta-Freunde, die sogar noch wachsen könnte, würde die Spaghetti-Etikette verbindlich geregelt. Immer noch heißt es nämlich in Benimmratgebern, um die unvorhersehbar langen Nudeln zu verzehren, dürfe man sie zwar mit der Gabel im Löffel zu einem transportfähigen Knäuel drehen, weitaus „eleganter“ und „italienischer“ sei es jedoch, Spaghetti nur mit der Gabel am Tellerrand aufzurollen – und das eigene Hemd großen Gefahren auszusetzen, worüber sämtliche Benimmratgeber schweigen.

Für Sizilien und Neapel gilt das nicht, sagt Daniele Bucalo, der „selbstverständlich“ in seinem Hamburger Restaurant „Bixio“ Gabel und Löffel auflegen lässt. In diesen Regionen gehöre der Löffel schon immer zum Pasta-Besteck dazu. Für den gebürtigen Venezianer gilt: Je flüssiger die Sauce, umso nützlicher der Löffel. Die Grenze zieht er beim Risotto: „Der darf nie mit dem Löffel gegessen werden.“

Dass löffellose Spaghetti nicht der Weisheit letzter Schluss sein können, zeigt ein letzter Blick in die Geschichte der Pasta. Die wurde sehr, sehr lange mit den Händen gegessen – bis es am Hofe Ferdinands II. zu einer entscheidenden Wende kam: Der König von Sizilien und Neapel beauftragte seinen Kammerherrn, ein Tischwerkzeug zu entwickeln, damit Nudeln auch zu offiziellen Anlässen serviert werden konnten. Andernfalls werde er ihn kündigen. Des Königs Kammerherr sicherte seinen Arbeitsplatz. Er verkürzte die damalige dreizinkige Gabel, die eher einem Spieß glich, und fügte ihr einen Zinken hinzu. Um den Löffel kümmerte er sich nicht. Den gab es ja bereits.

## *Baci, Bussi, Tuscher*

Verteidigung des Handschlags

Bitte, bitte nicht. Aus einiger Entfernung segelt Frau W. heran, aber es ist zu spät, sich umzudrehen und zu fliehen. Sie hat mich gesehen, und gleich wird sie mich küssen wollen.

Ich möchte nicht von Frau W. geküsst werden. Sie ist mir weder besonders sympathisch noch kann ich sie nicht leiden – unser Verhältnis ist einfach nicht herzlich. Frau W. rückt unaufhaltsam näher. Sie wird mich küssen wollen, weil sie ein paar Jahre in München gewohnt hat. Da hält man das so. Ich habe mein halbes Leben in Hamburg verbracht. Bis die Küsserei auch hier grassierte, herrschte Ruhe. Da wurde nur geküsst, wer es verdient hatte, nicht jeder und jede. Frau W. ist die Freundin eines alten Bekannten, der mich gewöhnlich zur Begrüßung leicht in den Arm nimmt. Weil er das macht, nimmt Frau W. mich gleichfalls und wie selbstverständlich in Anspruch. Seine Körperkontakte sind auch ihre, seit sie mich kennen gelernt hat. Sie steht vor mir, strahlt und schreitet zur Tat. Frau W. küsst mich auf die Wange; das heißt, sie tut so als ob.

Hätte ich Frau W. jemals zurückgewiesen, wäre vielleicht mein alter Bekannter beleidigt gewesen. Er hätte gedacht, ich möge seine neue Freundin nicht. Sie hätte dasselbe gedacht, aber zusätzlich vermutet, dass ich ihren Freund zu sehr mag. Ich tue so, als küsste ich zurück und winde mich aus Frau W.s Armen.

US-amerikanische Soldaten sollen sich nach dem Krieg furchtbar darüber amüsiert haben, dass die Deutschen sich ständig gegenseitig die Hände schüttelten. Über die Sechzigerjahre hinaus, versicherten mir ältere Gesprächspartner, begrüßte man sich in der Öffentlichkeit per Handschlag – sie seien selbstverständlich bis heute dabei geblieben. Auch unter Freunden und Freundinnen war der Händedruck üblich. Nur wer sich sehr nahe stand, verzichtete auf die Förmlichkeit. Zu Schulterklopfen oder gar Umarmungen kam es nur bei Trauerfällen und anlässlich sportlicher Glanzleistungen.

Diese stocksteife Gesellschaft staunte daher nicht schlecht über das zwanglose Miteinander der Italiener, die damit nicht einmal allein standen. Auch Spanier und Portugiesen, Griechen, Jugoslawen und Türken berührten sich gegenseitig beim Sprechen, sie umarmten sich – einige küssten sich sogar gegenseitig auf die Wangen, vor aller Augen! Noch mehr muss die Deutschen überrascht haben, dass ihre Kinder nur wenige Italienurlaube und Interrailreisen später die mediterranen Begrüßungsrituale übernahmen. In anderen Ländern, hatte die jüngere Generation erfreut erfahren, ging es herzlicher zu als zu Hause – das war nachahmenswert. Männer küssten sich deshalb weiterhin nicht gegenseitig, hatten aber immerhin festgestellt, dass sie den Arm um die Schultern eines Freundes legen konnten, ohne ihre Heterosexualität einzubüßen.

Was hoffnungsvoll begann, uferte aber leider aus. Freundliche Gesten, die Zuneigung ausdrücken, sind längst nicht mehr einem engeren Kreis vorbehalten – die gewohnheitsmäßige Schmatzerei ist aus der Bussi-Haupstadt München heraus bis in den Norden gelangt. Ob man sich auf Partys oder beim Einkaufen trifft – eine ausgestreckte Hand wirkt fast unhöflich. Selbst am Arbeitsplatz ist man nicht mehr sicher vor den wallenden Gefühlen von Chefinnen, von denen man sich eigentlich nur in den Urlaub verabschieden wollte.

Eine Erklärung für diesen Hang zu Übertreibung und vermeintlicher Perfektion liefert Roberto Giardina in seiner „Anleitung, die Deutschen zu lieben". Wenn Deutsche im Italienurlaub durch Geschrei und Gelächter unangenehm auffielen und für respektloses Verhalten kritisiert würden, bemerkte er schon vor zehn Jahren, seien sie „verwundert über die Reaktion. Sie verstehen nicht: Sie versuchen doch nur, so zu sein wie wir, wie sie sich uns vorstellen." Ähnlich sah das auch Luciana Caglioti, die ihre deutsche, „ökoangehauchte" Wohngemeinschaft in einer Broschüre von „Inter Nationes" glossierte: „Sie lieben Italien über alles, oder besser: Sie lieben, was sie für Italien halten." Entsprechend mangelt es dem Kölner Haushalt an nichts, selbst „das kaltgepresste Olivenöl ruht in der spezifischen Ölkanne aus Metall." Nur die Mitbewohnerin aus Mailand passt nicht in dieses Ambiente. „Ich bin ihnen als Italienerin nicht italienisch genug."

In diesem Sinne empfehle ich allen Opfern unkontrollierter Küsserei Berlin als die unitalienischste Stadt der Republik. Unbemerkt von allen Ostalgiekritikern, hat sich hier nämlich ein Relikt aus der DDR gehalten: Man drückt sich zur Begrüßung die Hand. Geschüttelt wird nicht, aber man kann sich sehr schön in die Augen sehen. In Westberlin fand diese Sitte noch vor der Wiedervereinigung viele Anhänger, unter anderem mich. Es ist mir seither gelungen, viele potenzielle Frau W.s, auch männlichen Geschlechts, auf Armeslänge von mir fern zu halten – um meine Lieben umso überzeugter abzutuschern.

# *Der Hauch des Südens*

## Vom Triumph der Knoblauchdolde

Für seinen Kasselerbraten aus der Serie „Genießen auf gut deutsch" verwendet der ZDF-Fernsehkoch Johann Lafer ein Kilogramm Kasselerrücken, einen halben Liter Rinderbrühe, 200 Gramm Zwiebeln, fünf Wacholderbeeren, vier Thymianzweige, zwei Teelöffel Kümmel, Pfeffer – und fünf Knoblauchzehen.

Vor 50 Jahren und weit danach hätte wohl niemand gedacht, dass der Knoblauch einmal unter „gut deutsch" firmieren würde. Obwohl eine überaus heftige Knoblauchpolenta einst zu den Lieblingsgerichten Friedrichs des Großen gezählt hatte, war der Knoblauch aus deutschen Rezepten verschwunden. „Im Gegensatz zu den Küchen des Mittelmeerraumes, des Balkans usw. ist Knoblauch in der deutschen Küche wegen seiner Geruchswirkung leider weitgehend verpönt", heißt es noch 1977 bedauernd im „Lexikon der Küchen- und Gewürzkräuter" aus dem Pawlak Verlag. Dennoch hatte sich der Knoblauch über den Mittelmeerraum hinaus verbreitet: Für die italienischen Arbeitsmigranten gehörte er selbstverständlich in ihr kulinarisches Repertoire, und das konnte man riechen. „Man wurde schief angesehen deshalb", sagt der Schriftsteller Franco Biondi, „es wurde viel gelästert."

Franco Biondi war 1965 in die Bundesrepublik gekommen, er arbeitete unter anderem als Elektroschweißer und am Fließband. In den Siebzigerjahren besuchte er zusätzlich die Abendschule, holte die Mittlere Reife sowie das Abitur nach und studierte schließlich Psychologie; heute ist er Familientherapeut in Hanau. Während seiner zweiten Schulzeit begann er zu schreiben – anfangs auf Italienisch, bald auf Deutsch. Viele seiner Gedichte und Erzählungen befassen sich mit traurigen Erfahrungen der so genannten Gastarbeiter: Sie handeln von Einsamkeit, Ausbeutung und Entfremdung. In Franco Biondis Kurzgeschichte „Das hier ist meine Heimat, Mann!“ träumt ein junger Italiener davon, der deutschen Arbeitsamtbürokratie mit einer Knoblauchbombe zu Leibe zu rücken: „Stell dir vor, wie dann die feinen Herren mit weinenden Augen und einem Tuch vor Nase schleunigst das Büro verlassen würden!“

Inzwischen ist das mit dem Knoblauch aber so lange her, dass selbst Franco Biondi sich kaum noch an eigene Erfahrungen erinnert und grübeln muss. Doch, etwas fällt ihm noch ein: Manche italienischen Kollegen hätten sich bemüht, vor Treffen mit Deutschen den eigenen Knoblauchgeruch zu übertünchen. „Fragen Sie mich aber nicht, womit. Das weiß ich nicht mehr.“ Verzichtet habe jedenfalls keiner auf seinen Knoblauch: „Was das Essen angeht, gibt es nun mal eine gewisse Hartnäckigkeit.“

Knoblauch schreckt heute nur noch ein Fünftel der deutschen Bevölkerung. Alle anderen mögen ihn. Sie rösten ihn, legen ihn ein, geben ihn an Fleischgerichte – er ist so unverzichtbar geworden, dass man zu den Nachbarn geht, wenn Knoblauch im Haushalt fehlt. Darüber hinaus vergeht keine Woche, ohne dass die medizinische Forschung eine neue Knoblauchentdeckung macht. Schon als blutdrucksenkend, arteriosklerosevorbeugend und wirksam im Kampf gegen den Fußpilz bekannt, wurde sein Enzym Alliinase inzwischen gemeinsam mit dem Knoblauch-Wirkstoff Allicin erfolgreich gegen Krebstumore bei Mäusen eingesetzt – Hildegard von Bingen hatte den Knoblauch noch der Gelbsucht zugeordnet.

Auch an den Geruch haben sich 80 Prozent der Deutschen gewöhnt. Ob heutzutage jemand neben ihnen vor sich hinschwefelt, regt sie nicht sonderlich auf – oft genug nehmen sie gar nichts davon wahr, weil sie selbst vom Vortag ausdünsten. Und als vor knapp zehn Jahren der duftlose Knoblauch entdeckt wurde, war es die Lehrerzeitung „Die Zeit", die auf die Barrikaden ging: „Die Vampire jubeln, die Genießer aber tragen Trauer", schimpfte ihr Kolumnist Wolfram Siebeck. „Was ist das für ein Knoblauch, der zwar scharf ist wie immer, dem aber das unvergleichliche, einmalige, süßliche Aroma fehlt, diese den Atem vergoldende und Vampire abschreckende Sanftheit, welche wir aus keinem Salat, keinem Gratin und keiner Suppe mehr herausschmecken?"

Wolfram Siebecks Aufregung war vergebens: Bis heute interessiert sich niemand für gezähmten Knoblauch. Vielleicht auch deshalb, weil wir inzwischen längst gelernt haben, ihn außerhalb von Tsatsiki-Exzessen richtig zu dosieren. Mitte der Siebzigerjahre jedenfalls war der Mut zum Mundgeruch ungleich größer, als Schneckenbutter und Pariser Zwiebelsuppe so ausländisch wie möglich schmecken sollten. „Knoblauch war plötzlich Mode", sagt auch Franco Biondi; so sehr, dass er 1979 unter dem Titel „Treffsichere Begegnung" ein verhaltenes Spottgedicht verfasste: „weißt du es ist schwer sich zu begegnen / im Lichtteller der Stadt / im Wirbel der Sonderangebote / haben wir uns verloren / also bin ich in eine Knoblauchdolde eingewandert / vielleicht treffen wir uns / noch / auf dem Regal irgendeines Kaufhauses / und können uns endlich küssen / beim Auskosten eines südländischen Gerichts / wenn es nicht zu spät ist / oder zu früh um uns zu suchen: / dein Zug ist stehengeblieben / und ich bin abgefahren: / gerade gleite ich an den Schluchten entlang / zum Knoblauchherz hin / wo ich mir ein Zuhause einrichten werde".

## Die schönste Espressomaschine der Welt

Von Barbara Häusler

Morgens trinke ich Tee. Eine ganze Kanne. Im weiteren Verlauf des Tages dann gerne auch Kaffee, nicht jedoch nach 20 Uhr. Natürlich keinen Filterkaffee, sondern Espresso, und zwar aus meinem alten Espressokännchen. Den mag ich. Der ist immer schön heiß und genau so stark und schwarz, wie ich ihn haben möchte. Und mein Espressokännchen mag ich sowieso. Während der Zubereitung gibt es leise, vertraute Geräusche von sich, die mir sanft signalisieren, ob es sich noch lohnt, die Spülmaschine auszuräumen, oder ob man nicht doch lieber damit beginnt, die Milch im daneben stehenden Topf schaumig zu schlagen.

Wenn ich mal auswärts Espresso trinke, dann schmeckt er mir oder er schmeckt mir nicht. Im Cappuccino ist er entweder präsent oder nur zu erahnen, solo entweder von angenehmer oder entschieden medizinischer Bitterkeit. Kann ich mit leben. Espresso ist schließlich kein Getränk zum daran Festhalten, sondern eine Funktion, und zwar eine sehr erwachsene. *Una piccola frustatina*, eine kleine Peitsche, nennen ihn die Italiener. Genau! Mehr erwarte ich auch nicht von ihm: einen schnellen, umstandslosen Kick, ohne wienerisches Aufhebens.

Für die in jüngster Zeit bedrohlich angewachsene Gemeinde von aufgeschäumten Espressoaposteln, die sich mit kennerhaftem Habitus plötzlich über „beste“ Espressomaschinen und Mahlwerke, die „beste“ Crema und „beste“ Bohnen austauschen, habe ich deshalb etwa so viel übrig wie für Leute, die in Wasserbars gehen, um dort Sprudel aus Madagaskar zu verkosten. Purer Unfug. Wozu braucht plötzlich jeder daheim eine sündhaft teure Hochleistungsespressomaschine? Ich brauche das nicht. Ich habe mein Espressokännchen. Und Kaffeepäpstin will ich auch nicht werden, dann schon lieber Weinpäpstin.

Und dann geschah die Sensation. Sie erreichte mich in einer gründlich mit Packband umwickelten Verpackung einer Ministereoanlage. So was hatte ich nicht bestellt, und so was war auch nicht drin, sondern ein verspätetes Weihnachtsgeschenk, von Freunden bei ebay ersteigert und mir zugedacht: Die schönste kleine Espressomaschine, die ich je gesehen habe. Eindeutig was Altes. Gut 36 Zentimeter hoch, robuster zylindrischer Metallkorpus, das schwarze Mittelstück vermutlich galvanisierter Stahl, Restgehäuse, Deckel und Fuß weiß emailliertes Stahlblech. Dem schwarzen Mittelstück entwächst nach vorn eine Art Ausbuchtung mit schmalem Blickfenster auf den Wasserstand, an deren Unterseite das eindrehbare Kaffeesieb sitzt und aus dem nach oben vorn ein aufgeschraubter, verchromter Hebelarm mit schwarzem Plastikgriff herauswächst. Rechts unten ragt ein Regulierhahn, rechts oben die Milchaufschäumdüse hervor, auf deren Zuleitung zu meinem allergrößten Entzücken ein kleines, kreisrundes Manometer thront. Ein elegantes Gittersieb im weit nach vorn gezogenen Fuß dient als Tropfenfänger, an dessen vorderem rechten Rand der Name der Schönen steht: *La Cimbali.*

Sie wurde natürlich sofort ausprobiert. Und siehe da: Freundlich gurgelnd, ja fast schnurrend verrichtete sie ihre Arbeit. Und das, obwohl aus unter dem Hebelarm befindlichen Ritzen rechts und links Dampf in selbst für den Laien erkennbar vorschriftswidrigen Mengen entwich. Doch selbst dies in anmutigstem Säuseln. Den Hebelarm abzuschrauben und nach Entnahme mehrerer unschön zerlumpter Gummiringe ein Dichtungsproblem zu diagnostizieren, war eins. Sich eine Zeichnung zu machen, wo man die Ringe herhatte und sie in ein Tütchen zu packen ein zweites.

Die ebenso beherzt wie naiv aufgenommenen Wiederbeschaffungsmaßnahmen der Dichtungsringe markieren indes den Beginn eines unerwartet widerspenstigen Unternehmens, dessen erzählerische Fortsetzung zunächst aber leider wegen einer weiteren Sensation unterbrochen werden muss: der Ankunft der zweiten Espressomaschine in meinem Haushalt gerade mal eine Woche später. Diesmal hatte sich ein anderer Freund (ein ausgesprochener Espressoapostel, den ich ausnahmsweise aber trotzdem mag) in den Kopf gesetzt, mir seine Ersatzmaschine (sic!) zur Verfügung stellen zu müssen. Espressokännchen, das sei doch nix. Bei dieser *Saeco* dagegen gehe alles vollautomatisch: 15-stufiges Mahlwerk für jeweils frisch gemahlene Bohnen, Wasserdurchlaufregler, Portioniertaste. Ein Knopfdruck, fertig. Von wegen ein Knopfdruck! Ich habe mitgezählt und verbürge mich für die Daten: Tatsächlich benötigt man, bis das Endprodukt, ein Cappuccino, in der Tasse ist, einen Handgriff weniger als mit dem Espressokännchen (Herd ein- und ausschalten fairerweise mitgerechnet). Einen Handgriff! Und um welchen Preis! Dieses Getöse! Erst das Gekreische beim Mahlen, dann diese ein bisschen unhygienisch klingenden Geräusche beim Restwasser aus der Leitung sprotzeln lassen, bevor man die kostbare Milch aufschäumen darf, und dann noch mal dieses furchteinflößende Knurren, welches das Herauspressen des Kaffees begleitet. Nein! Diese Maschine ist nicht mein Freund und wird es auch niemals werden können.

Aber zurück zur Schönen, die natürlich auch den Espressoapostel schwer beeindruckte. Kult nannte er sie, und dass man die unbedingt flott kriegen müsse. Meine Rede. Weswegen er in den folgenden Wochen einen schönen Batzen seiner gut bezahlten, aber glücklicherweise kaum kontrollierten Arbeitszeit damit zubrachte, im Internet nach meinen Dichtungen zu suchen. (Das ist dann wieder das Gute an Aposteln.)

Derweil machte auch ich mich schlau. Was ist eigentlich eine Espressomaschine, und wer hat die Dinger erfunden? So was will man doch wissen, das bin ich der Schönen schuldig. Also: Die Geschichte der Espressomaschine beginnt 1855 auf der Weltausstellung in Paris. Vor allem der Gastronomie waren die Verfahren der herkömmlichen Kaffeezubereitung viel zu lahm, man wollte schneller mehr und überdies aromareicheren Kaffee zubereiten (und verkaufen) können. Der Schlüsselbegriff hieß demnach Beschleunigung – eine allem Italienischen durchaus kompatible Qualität, wenn man an die wohlorganisierte Hektik oder Dringlichkeit denkt, die etwa italienische Reisegruppen oder einkaufende italienische Hausfrauen mühelos verbreiten können. (Auch dass es gerade Italiener waren, die sich auf die Entwicklung von Maschinen spezialisierten, die mit Dampfdruck arbeiten, scheint in diesem Zusammenhang nur logisch, wenn nicht gar Spiegel und Metapher des italienischen Wesens überhaupt. Kein anderes europäisches Volk versteht so viel von Ventilen zum Dampfablassen wie die Italiener. Vom gewöhnlichen Alltagsgespräch über Mofafahren bis hin zum Handy, das eigentlich nur für sie erfunden wurde – fast alles ist Ventil oder kann als solches genutzt werden. Freilich eher, um einen – in Wahrheit überhaupt nicht existierenden, dafür aber perfekt gespielten – Druck vorzuführen, als ihn nennenswert zu senken. Das nennen sie dann *bella figura*. Ende des Exkurses.)

Und weiter: Anders als beim mählichen Tröpfeln des Filterkaffees durch ein entsprechendes Papier, wurde jetzt nach Methoden gesucht, das Wasser mit Hilfe von starkem Druck durch das Pulver zu jagen. Die ersten Modelle waren riesige Kolosse aus Messing und Kupfer, die der italienische Reichsadler krönte. 1901 brachte die italienische Firma Bezzera ein erstes auf industrieller Basis hergestelltes Modell auf den Markt, das aus einem „Boiler" und vier Brühgruppen mit unterschiedlichen Filtergrößen bestand, durch welche der Druck über verschiedene Ventile genauestens dosiert werden musste. Das war eine ziemliche Fummelei, und wenn sie nicht gelang, verbrannte der Kaffee durch die hohen Temperaturen und wurde bitter.

Francesco Illy konstruierte 1935 dann ein Modell, das als die erste vollautomatische Maschine gelten kann, weil es Wärme- und Druckquelle trennte und dadurch die unerwünschte Kaffeeverbrennung vermied. Die *Illetta* verfügte über eine automatische Wasserdosierung, der Druck wurde nun nicht mehr durch Dampf, sondern durch Druckluft erzeugt. Die Fortentwicklung schritt 1938 mit der Erfindung der Hebelmaschine voran, bei der man mit einem Hebel eine Feder zusammenpresst, die ihrerseits einen Kolben anschiebt, der das Wasser komprimiert. Ab 1946 ging dieses Kolbenmodell bei Gaggia in Serie. Mit dem Austausch der Feder durch eine elektronisch betriebene Rotationspumpe schuf Faema 1961 mit der *Faema 61* den Prototyp aller modernen, noch heute gängigen Espressomaschinen. Direkt aus dem Wasseranschluss wird nun das Wasser in ein durch den Boiler laufendes Rohr gesaugt und anschließend auf den Kaffee verteilt. Der Vorteil: Die optimale Temperatur von 90 Grad wird gehalten, und das Wasser verbleibt nicht zu lange im Boiler. Und erst mit diesem Verfahren entstand die Crema – eine Schicht aus ätherischen Ölen, die sich aromaschützend über den Kaffee legt. Der Espresso sei das Herz, die Crema die Seele des Kaffees, behauptet der Espressoapostel. Je dichter, desto besser ist deshalb ein weiteres Kriterium bei der Anschaffung teurer Höllenmaschinen.

Nun weiß ich also, dass meine Cimbali eine Hebelmaschine ist und vermutlich keine Crema erzeugen wird. Na und? Tut mein Espressokännchen ja auch nicht, und bei der Saeco weiß ich's nicht, weil ich sie nicht benutze. Und überhaupt: Wenn die Menschheit bis 1961 ohne Crema ausgekommen ist und der Espresso seinen Siegeszug trotzdem antreten konnte – was soll ich da mit Crema? Wenn ich Crema will, geh ich eben in eine Bar mit Crema-Garantie. Will ich aber nicht.

Inzwischen lagen die Rechercheergebnisse des Espressoapostels vor. In Wildau bei Berlin gebe es einen, der habe sämtliche Dichtungen sämtlicher Espressomaschinenmodelle aus der ganzen Welt. Noch so ein Verrückter. Bei meinem nächsten Berlinbesuch durfte die Schöne dann mit. Wir haben zusammen einen herrlichen Ausflug nach Wildau bei Berlin gemacht, wo ich allerdings erfahren musste, dass der Verrückte Cimbali-Dichtungen nicht mehr führt. Weil es nämlich in Köln einen noch Verrückteren gebe, der sich derart auf Cimbali spezialisiert habe, dass sich Cimbali-Dichtungen für ihn, den Wildau-Verrückten, nun nicht mehr lohnten.

Man sieht, die Schöne erfordert Zeit, Geduld und gute Kontakte. Ich werde demnächst also wohl zum Köln-Verrückten müssen. Vielleicht fahre ich mit der Schönen einfach zum Karneval, da wollte ich lange schon mal wieder hin. Ich werde diese Dichtungen finden! Und einbauen! Dann wird die Schöne im Wechsel mit dem Espressokännchen Kaffee für mich kochen. Unaufdringlich, vertraut, zuverlässig.

Und dann werde ich mich vielleicht auch mal mit Kaffeesorten beschäftigen, um beide angemessen zu füttern. Und mir eine Kaffeemühle kaufen, damit ihr Futter immer frisch ist. Und vielleicht doch Kaffeepäpstin werden.

## *Die Mauer des Schweigens*

### Chianti im Strohgewand

Wer sich über italienischen Wein informieren will, findet heutzutage Literatur in rauen Mengen. Die Fachwelt ist sich einig und schwärmt: In den vergangenen Jahrzehnten hat sich der italienische Wein qualitativ enorm verbessert und steht der internationalen Konkurrenz in nichts nach. Es gab jedoch Zeiten, in denen der aus Italien importierte Wein in deutschen Geschäften zwischen Liebfrauenmilch und Kardaka einsortiert war. Das Angebot reichte von fuseligem Valpolicella und klebrigem Lambrusco in der Zweieinhalbliterflasche, der so genannten Pennerbombe, bis zum Chianti im strohumflochtenen Gefäß. Wer sich hierfür interessiert – besonders für den bruchsicheren Chianti – stößt auf eine Mauer des Schweigens.

Eben noch gesprächige Weinhändler wechseln das Thema. Zuvor war noch die Rede von vergangenen Zeiten, von Giovanni Battista Davide Silvestro Raffo zum Beispiel, dem Begründer der ersten Importgesellschaft für italienischen Wein in Berlin. 1871 eröffnete der Sohn eines Gutsbesitzers hier eine Weinhandlung und betrieb außerdem eine Kellerei, in der er seinen „Vermouth Raffo" herstellte. Auch das Unternehmerduo Botto und Trabucchi verkaufte italienischen Wein, berichtet der Informant, und zwar nach einem patentierten System über ihre „Gesellschaft für automatischen Getränkevertrieb und -werbung". Er schlägt eine Seite in Giuseppe De-Botazzis Bestandsaufnahme der italienischen Kolonien im Kaiserreich auf und trägt aus „Italiani in Germania" vor: „Botto und Trabucchi eröffneten im Januar 1895 Unter den Linden 51 ein Etablissement, in dem sie Getränkeautomaten für Wein und Likör aufstellten. Die Beliebtheit, derer sich unsere Weine in Deutschland und insbesondere in Berlin erfreuen, hat die beiden Händler dazu ermutigt, ein spezielles System der Weinprobe zu entwickeln, mit dem Ziel, dem Berliner Publikum die Weinsorten unserer besten Produzenten vorzustellen ... Für nur 10 Pfennig bieten sie einen Tafelwein, für zwanzig Pfennig einen feineren oder einen Likör bester Qualität an ... So werden die automatischen Bestellungen des Publikums, das, wie man vermuten kann, überaus zahlreich in der Bar erscheinen wird, unseren Produzenten gewiss nicht zum Nachteil gereichen. Der Einrichtung dieser Bar (Probierstube) sollen andere folgen, sobald die erforderlichen Apparate bereitstehen. Der Mietpreis für einen Getränkeautomat beläuft sich auf monatlich 30 Franken."

Weinautomaten, dazu noch Unter den Linden, das ist bemerkenswert. Und die Chianti-Flasche mit ihrem Strohbauch, dem *fiasco*? Der Weinhändler klappt das Buch zu und beginnt übergangslos einen Vortrag über den Einfluss des Jahrhundertsommers 2003 auf den deutschen Riesling.

Der Stuttgarter Importeur, seit den Sechzigerjahren im Geschäft, muss überlegen. Chianti? Eine beachtliche Entwicklungsgeschichte, fällt ihm ein, wie überhaupt beim italienischen Wein. Während in Frankreich einst der Adel den Wein anbauen ließ und die europäischen Höfe versorgte, erzeugten ihn in Italien die Bauern – und tranken ihn selbst. Für Chianti galten allerdings Anfang des 18. Jahrhunderts besondere Gesetze: Nach einem zerstörerischen Winter, der die Winzer auf robustere Reben zurückgreifen ließ, stellte der toskanische Großherzog Cosimo III. den Chianti per Weingesetz unter Artenschutz. Allgemein änderte sich der Weinanbau jedoch deutlich durch die neuen Sorten, und es sollte noch lange dauern, bis italienischer Wein Anerkennung fand. Schuld daran hatte sicher auch die Reblaus, die sich Ende des 19. Jahrhunderts gierig auf die unvorbereiteten italienischen Stöcke stürzte, so dass viele Winzer erneut neue, diesmal reblausresistente Pflanzen anbauen mussten.

Der Chianti? Ein einfacher Wein, bis vor zwanzig, dreißig Jahren. Das italienische Klassifizierungssystem wurde erst 1963 vom Parlament verabschiedet, musste 1992 novelliert werden und wies immer noch Tücken auf. Winzer, die nicht nach Vorschrift arbeiteten, aber hervorragende Weine produzierten, mussten ihre Ware als *vini da tavola* auf den Markt bringen, also unter dem Rubrum der untersten Güteklasse. Allerdings verkauften sie diese nicht unter Wert. Dieser Chianti im Strohmantel – schlimm. Damals war der oft gefärbt; ob die Italiener, gleich den Franzosen damals, Ochsenblut verwendeten, weiß man nicht genau. Ihn selbst eingeführt und verkauft? Der Importeur entschuldigt sich: Jetzt muss er aber dringend fort, auf eine Weinprobe.

In Köln grinst der junge Sommelier. O ja, er hat davon gehört und solche Flaschen sogar auf einer Sechzigerjahre-Party gesehen, allerdings geleert, als Dekoration. Er selbst, Jahrgang 1970, kennt jedoch nicht den Geschmack dieses … Weines. Aber heutzutage gibt es köstlichen Chianti, wobei er – nachdem Weißweintrauben nicht mehr zwingend hineingehören – einen vorzieht, dem zur Sangiovese-Traube ein Anteil Merlot hinzugefügt wird. Das schmecke ihm besser als die Beigabe von Cabernet-Sauvignon.

Zu den Flaschen, die manchmal noch in einer Pizzeria als Dekoration zu sehen sind und verstauben – die Winzer im Chianti verwenden sie schon lange nicht mehr für den Export. Wer wollte denn auch seinen Wein billig und minderwertig erscheinen lassen? Nicht einmal an der Tankstelle oder am Kiosk, überlegt er, hat er diese Objekte in den letzten Jahren gesehen. Ja, das stimmt: Irgendwer muss das

Zeug damals über die Alpen gebracht haben. Er hat keine Ahnung, wer, oder wen man fragen sollte. Ging es nicht eigentlich darum, wie die Italiener unser Leben verschönert haben?

Das ist wahr, und so lautet das Fazit der Untersuchung: Zu den beliebtesten Italienimporten der Sechziger- und Siebzigerjahre zählte ein mit Stroh umhüllter, flaschenähnlicher toskanischer Kerzenständer. Sein Inhalt gilt heute als nebensächlich.

## *Jenseits von Planten und Blomen*

### Die Eroberung des öffentlichen Raums

Tische und Stühle an Straßenrändern, Sonnenschirme auf öffentlichen Plätzen: Das Leben vor der Tür findet in Deutschland noch gar nicht so lange in der Form statt, wie wir sie kennen. Das reicht aber, höre ich einen Zwischenruf aus dem Saal, jetzt sollen uns die Italiener auch noch das Draußensitzen beigebracht haben!

Nein, das haben sie selbstverständlich nicht. Schon immer gab es Straußenwirtschaften und Biergärten im Süden Deutschlands, und auch im Norden saß man bei gutem Wetter vor den Ausflugslokalen. Die Berliner etwa pilgerten schon im 18. Jahrhundert zu den so genannten Sommerwirtschaften im Tiergarten oder nach Treptow, wo findige Obstgärtner die Wanderer mit Getränken versorgten, bis ihnen diese einträgliche Nebentätigkeit untersagt wurde. Heißes Wasser durften sie jedoch auch ohne Lizenz verkaufen, sowie Geschirr verleihen: „Hier können Familien Kaffee kochen", hieß es darum auf Schildern vor den Gärten, und so geschah es – die Ausflügler traten ihren Weg ins Grüne mit einer Portion Kaffee im Gepäck an. Die Geschäftsidee fand außerhalb Treptows Nachahmer und sogar Eingang in konzessionierte Gartenlokale – der Brauch blieb bis in die Fünfzigerjahre des 20. Jahrhunderts erhalten –, in denen man sich bald gegenseitig auf die Füße trat. Im 19. Jahrhundert zählte der Sonntagsausflug zum festen Sommerritual des Berliner Bürgertums; er diente vor allem dem Besuch der inzwischen gigantischen Gaststätten. Beschleunigt durch Verkehrsmittel wie Bahnen und Busse, zog es immer mehr Berliner in die Freiluftlokale, in denen wahre Massen Platz fanden: 2000 Plätze bot die Schultheiss-Brauerei ab 1914 in ihrem Saalbau – und 12 000 in ihrem Garten.

Auch Unter den Linden, am Ku'damm oder in der Belle-Alliance-Straße konsumierte der Berliner unter freiem Himmel, aber wo gab es sonst schon Boulevards? Deutsche Freiluftlokale fanden sich gewöhnlich außerhalb des Stadtkerns. Im innerstädtischen Bereich hielt man sich ohnehin lange Zeit so wenig wie möglich auf. „Straßen waren bis in die Mitte des 19. Jahrhunderts gefährlich", sagt der Architektursoziologe Werner Sewing, „hier war man Versuchungen ausgesetzt, man konnte bestohlen und beraubt werden." Den öffentlichen Raum als einen sicheren Ort wahrzunehmen, in dem man sich gern aufhält, ist also vergleichsweise neu. Und noch neuer ist der Drang dazu, genau hier Platz zu nehmen und die Handtasche über die Stuhllehne zu hängen. „Wenn heutzutage überall Straßencafés das Innenstadtbild prägen, ist das eine Folge des Tourismus, aber keinesfalls die Wiederentdeckung der Stadt", so Werner Sewing. „Entwickelt hat sich das erst in den Achtzigern." Die Züricher säßen sogar erst seit zehn Jahren an der Straße. Fragt man die heute 70-jährigen deutschen Städter, vor welchen Lokalen sie ihre Plätze einnahmen, als sie jung waren, verfallen sie ins Grübeln. „Ich glaube, wir haben nie draußen gesessen", sagte mir ein alter Nachbar, „das kam alles viel später."

Dass Straßen und Plätze allen gehören und dass man sie folglich auch beleben und besiedeln darf, muss lange unbekannt gewesen sein. Was als öffentlicher Raum im Sinne von Gemeingut verstanden wurde, das war der Park. In den ging es bei schönem Wetter, aber beileibe nicht, um dort, wie heute, eine Decke auszubreiten und ein Buch zu lesen oder Frisbee zu spielen. Noch in den Sechzigerjahren gab es in Hamburgs „Planten und Blomen" uniformierte Parkwächter. Den mit einem niedrigen Geländer eingezäunten Rasen zu betreten, war verboten, schon das Balancieren auf der Umrandung heikel: Im Herunterfallen hätte man ja auf der falschen Seite landen und Grashalme knicken können. Alles weitere Spielen war untersagt, besonders Radfahren, und zum Sitzen gab es ausdrücklich nur die Parkbänke. Ein Picknick hätte sicherlich einen Polizeieinsatz zur Folge gehabt. Der Gerechtigkeit halber möchte ich erwähnen, dass eben jene Parkwächter zu Ostern Schokoladeneier für Kinder versteckten; nah am Wegesrand, so dass Pflanzen nicht in Gefahr gerieten. Hätte aber jemand den Parkwächtern vorausgesagt, dass eines Tages Hundertschaften von Türken vor dem Reichstag in Berlin am Wochenende grillen würden, wäre der vielleicht auch von der Polizei abgeholt worden.

Wer außerhalb von Grünanlagen den öffentlichen Raum bevölkerte, war suspekt – ein Strolch, ein Bettler, schlimmer noch: ein Gammler. Der ordentliche Bürger lungerte nicht einfach irgendwo herum, er ging seinen Geschäften nach. Während des Urlaubs machte er jedoch Entdeckungen. Im Süden stellten sich die Einheimischen Stühle vors Haus, einfach an die Gasse! Sie saßen am Brunnenrand oder auf den Stufen vor der Kirche und plauderten; spielten Boccia unter Bäumen und standen auf dem Platz vor dem Rathaus herum – und abends ging es mit Kind und Kegel auf eine *passeggiata*, wenigstens achtmal die Promenierstraße hinauf und hinunter. Hugo Hartung beschreibt 1960 in seiner Reportage für die Reisezeitschrift „Merian“, wie es im Badeort Spotorno an der Riviera zuging: „Wenn dort der Vormittag den Gästen am Strand gehörte, so wird der Abend den kleinen Städtchen und ihren Menschen gehören, die nun aus allen Türöffnungen, man möchte sagen aus allen Ritzen, hervorquellen und das Fremdenbächlein hoffnungslos überströmen. Jetzt klirren die Glasperlen an den Barbiertüren unaufhörlich gegeneinander, die Caféhausstühle sind besetzt, und alles regt und bewegt sich und tut das Seine wie in einem jener mechanischen Spielwerke aus alten Tagen, darin, von Wasserkraft angetrieben, eine bunte Menschenwelt in emsig zappelnder Bewegung ist. Der Abend und die frühen Nachtstunden sind die große Zeit der Rivierastädtchen."

„Da fällt der Groschen", meint Werner Sewing. Dieses Lebensgefühl erträumten sich die Deutschen auch daheim, allerdings waren sie nicht gewohnt, ihre Städte an Sommerabenden in Beschlag zu nehmen. Für Werner Sewing sind deshalb die Studentendemonstrationen in den Siebzigerjahren von Bedeutung, wenn es um die Veränderung im öffentlichen Raum geht. „Im Gegensatz zu den Gewerkschaften, die ihre Protestmärsche ordentlich anmeldeten, gingen die Studenten oft spontan auf die Straße", sagt er und erinnert auch an die so genannten Schwabinger Krawalle, als die Münchner Polizei 1962 auf jugendliche Straßenmusiker und ihr Publikum losging und damit eine viertägige Randale auslöste: „Das erste Phänomen im Kampf um den öffentlichen Raum." Dass sich die Elterngeneration etwas ganz anderes auf deutschen Straßen wünschte, ist für Sewing kein Widerspruch. „Beide Seiten sind Konsumenten", stellt er fest, „und die Studenten wurden braver."

Bis die Deutschen ihre Freizeit auf die Straße verlagerten, brauchte es aber noch Zeit. Und wer als Unternehmer auf die neuen Wünsche seiner Kundschaft reagieren wollte, hatte es zunächst schwer – schließlich muss vor einer Gaststätte auch genügend Platz vorhanden sein, um den Bürgersteig zu möblieren. Theo Zanek vom Stadtplanungsamt im kleinen Schwäbisch Gmünd, Verfasser zweier Bücher über die „Alte Gmünder Gastherrlichkeit", nennt bauliche Veränderung als wichtigsten Grund für den Wandel seiner Stadt. „Früher war es fast überall zu eng für

Straßencafés", berichtet er, „außerdem brauste da der Verkehr." Verkehrsberuhigte beziehungsweise autofreie Zonen hätten die Gmünder Innenstadt zwar attraktiver gemacht, gleichzeitig verlor sie aber an Leben, „vor allem nachts." Das war schlecht für den Fremdenverkehr, weshalb die Stadt Gmünd immer sehr daran interessiert gewesen sei, den ansässigen Gastronomen günstige Konditionen anzubieten. Damit das alteingesessene italienische Eiscafé Stühle vor die Tür stellen konnte, wurde vor kurzem sogar eine Bushaltestelle verlegt.

In Gmünd waren die Behörden offensichtlich großzügig, anderswo kämpften Gastronomen mit dem Tiefbauamt beziehungsweise den „Sondernutzungsregelungen". Erst in den Achtzigerjahren erleichterten die Ämter die Konzessionsvergabe; von nun an stieg die Zahl der „Außenbewirtschaftungen" rasant. In Yvonne Riekers Buch über die italienische Einwanderung in die Bundesrepublik, „Ein Stück Heimat findet man ja immer", freut sich die gebürtige Italienerin Livia Martino: „Jetzt haben wir hier in Düsseldorf noch die Promenade am Rhein. Die ist sehr schön. Und die Lokale. Früher gab es überhaupt keine Tische draußen und keine Stühle, und mittlerweile gibt's die ja auch schon seit Jahren. Das ist auch so'n Stück Italien, so wie wir das kennen."

Inzwischen, sagt Werner Sewing, erwarte der Städter, Speisen und Getränke im Freien einnehmen zu können – und zwar nicht nur hierzulande, „sondern auch in Edinburgh oder Dublin." Zusätzlich kommt es zu seltsamen Auswüchsen. Sowohl an den Ufern der Seine wie auch der Elbe – und selbstverständlich der Spree – werden neuerdings künstliche Strände aufgeschüttet. Der Metropolenbewohner sömmert nun auf Sand, springt aber rechtzeitig vor Ende der Mittagspause wieder auf.

Ein Restaurantbetreiber, der in einer deutschen Stadt keine Plätze vor dem Lokal anbieten kann, verdient mittlerweile im Sommer so gut wie nichts, und womöglich sind ihm bald nicht einmal mehr seine Einnahmen im Winter sicher. Seit kurzer Zeit sind energieverschleudernde Wärmelampen auf dem Markt, die das Publikum auch außerhalb der Saison auf der Terrasse temperieren; Heizstrahler, die laut Werbung beständig für „laue Sommerabende" sorgen, und das „im Umkreis von zwölf Metern." Der Gast okkupiert im tiefen Herbst die Terrasse, das Personal serviert ihm, vor Kälte bibbernd, seinen Mittelmeerfisch. Nicht grundlos singt die Band „Britta" in diesem Zusammenhang: „Draußen sitzen wieder die Idioten."

Ein weiteres, letztes Beispiel für Übertreibung führt zurück nach Berlin: Hier, in der Hauptstadt der Frischluftschnupperer, kam es zu Eklats, nachdem ehemals reine Wohngegenden im Ostteil der Stadt von gastronomischen Einrichtungen regelrecht heimgesucht wurden. Rund um die nicht besonders lange Simon-Dach-Straße im Bezirk Friedrichshain zum Beispiel etablierten sich binnen weniger Jahre 110 Restaurants und Kneipen, die jeden Zentimeter vor ihrer Tür mit Stühlen und Bierbänken belegen. Bald gingen die Anwohner auf die Barrikaden, als sich der „Riesenbiergarten mit Verkehrspassage" („Jungle World") zu einer Lärmbelästigung erster Güte auswuchs. Selbst eine anonym agierende Wirtin, die in eben jener Straße wohnt – aber dort auch ein Lokal führt – zählte zu der Bürgerinitiative. Das Bezirksamt versuchte zu schlichten und schlug vor, jede Gaststätte solle höchstens sechs Gäste vor der Tür belassen … Der Konflikt dauert an.

Das Verständnis für verzweifelte Anlieger von Straßencafés hält sich allgemein in Grenzen. Der Sommer sei doch ohnehin so kurz in Deutschland, heißt es, das müsse man doch aushalten können. Was der Deutsche als mediterran erkennt, daran hält er unerschütterlich fest. Wie es nach der bundesweiten Installation von Wärmelampen aussieht, ist noch ungeklärt. Das Ressentiment gegen den Bürger im öffentlichen Raum ist dagegen weiterhin präsent, wie die immer wiederkehrenden Diskussionen um Punks in Fußgängerzonen zeigen. Schnell stört da wer die öffentliche Ordnung, der es sich in der Sonne bequem macht und eine mitgebrachte Dose Bier öffnet, anstatt einen überteuerten Latte Macchiato zu konsumieren.

Sie da aus dem Saal haben vollkommen Recht, das gäbe auch Ärger in Italien. Aber darum ging es hier nicht.

## Italienische Schuhe – Beispiel Riemchensandale

Das Modell „Caliga“ hat ein bizarres Design. Die Sohle orientiert sich an der klassischen Ballerina-Form und ist hauchdünn. Auch die sechs Riemen, die Halt an der Fessel geben sollen, sind schmal, kaum breiter als gekochte Spaghetti. Über den Spann ziehen sich jedoch ein breiter, ungelenk ausgeschnittener Lederriegel sowie weitere Schnüre, die mit einem doppelten Zehentrenner verbunden sind. Warum nur?

Vielleicht, das legt diese gut erhaltene Römersandale aus dem Offenbacher Schuhmuseum nahe, weil italienische Schuhmacher schon vor 2000 Jahren verrückt nach Applikationen waren. Das behauptet jedenfalls Frau B., meine Expertin für Schuhfragen. Mutter Natur hat sie mit beneidenswert schönen, schmalen Füßen der Größe 38 ausgestattet. Ihr passt jeder Schuh auf Anhieb, was sich auch im zur Schuhkammer umfunktionierten kleinsten Zimmer ihrer Wohnung zeigt. Die Imelda von München erklärt mir die Entwicklung der berühmten italienischen Riemchensandale. Gestalterisch, sagt sie, sei diese „die Grundidee der Sandale in elegant“ und somit direkt auf den Römerschuh zurückzuführen. „Aber die *caliga* ist ein Männerschuh“, wende ich ein, „und außerdem, wie kommt dann der Absatz an die Riemchensandale?“

Eine dumme Frage. Erstens gab es den Absatz schon vor den Römern, werde ich belehrt, zweitens sehr wohl auch für Männer, die mit dicken Sohlen ihre höher gestellte Position betonten. „Und dass hohe Schuhe bei Frauen sexy sind, gilt auch schon ewig." Früher seien die noch den Prostituierten vorbehalten gewesen, „aber im 16. Jahrhundert zum Beispiel wankten Venedigs feine Damen auf zwei Säulen pro Schuh herum, die bis zu 75 Zentimeter hoch waren. Ohne Hilfe konnte niemand auf diesen ‚Chopines' laufen, doch sie waren der letzte Schrei – und die Frauen eine Touristenattraktion. Und Katharina von Medici" – „Die Medici trugen Plateauschuhe?", staune ich. „Nein, natürlich nicht. Aber Katharina von Medici wollte neben ihrem Gatten, dem Herzog von Orléans, nicht so winzig wirken. Sie zog also Schuhe mit Absätzen an, und das wurde Mode am französischen Hof." Gute zwölf Zentimeter Größenunterschied machten die damaligen Modelle aus, die zu Statussymbolen wurden: Wer so beschuht war, konnte und musste nicht arbeiten.

Vor meinem inneren Auge klebt ein klotziger Absatz an der Römersandale. Wie ein Riemchenschuh sieht das noch nicht aus. „Weiter", fordere ich, „was ist mit den Riemchen und den nackten Füßen? Was ist mit heute?" Imelda betrachtet ihre hübsch lackierten Zehennägel. „Kommt gleich", sagt sie. „Also, entscheidend ist Folgendes: Dass sich die Haute Couture um die Jahrhundertwende herum entwickelte, dass in den Zwanzigerjahren die Röcke kürzer und die Schuhe damit sichtbarer wurden – und dass nackte Zehen noch in den Vierzigerjahren als frivol galten. Das muss jeden Schuhdesigner gereizt haben. Und dann zählt selbstverständlich auch die Erfindung des einigermaßen bruchsicheren Bleistiftabsatzes." Daran hätten viele Designer gearbeitet, und die Riemchen – nun, je weniger, aber umso genauer platzierte davon, desto schöner, oder? Übrigens seien längst nicht alle italienischen Schuhe würdig, begehrt zu werden. Zu viele nutzlose Verzierungen seien da zu sehen und oft auch zu spüren, weil an den falschen Stellen angebracht.

Das Besondere an der gut durchdachten italienischen Riemchensandale sei, „dass sie die Balance zwischen Schlampenschleuder und Luxusvariante auf beneidenswerte Weise halten kann." Ich solle mir nur einmal Salvatore Ferragamos „Unsichtbare Sandale" von 1947 ansehen: transparente dünne Nylonschnüre über der Sohle, ein gleichfalls durchsichtiges Band hält die Ferse – aber über dem Spann liegt ein hellroter Riemen, im gleichen Ton wie der Absatz. „Ha!" ruft Imelda und fügt noch Salvatore Ferragamos Lebensgeschichte hinzu: Der Sohn süditalienischer Bauern, eines von 14 Kindern, war als Halbwüchsiger nach einer Schusterlehre in die USA ausgewandert und hatte nicht nur das Glück, sich in Hollywood einen Namen machen zu können – er war ein handwerkliches und künstlerisches Genie. 1927 kehrte er nach Italien zurück, ging nach Florenz und eröffnete eine Werkstatt für maßgeschneiderte Schuhe. Bis zu seinem Tod im Jahre 1960 entwarf er hier seine Modelle, meldete 350 Patente an und arbeitete mit einer stetig wachsenden Brigade von Schuhmachern – 700 waren es in den Fünfzigerjahren. Zu seinen Kunden zählten schöne Frauen wie Gina Lollobrigida, Sofia Loren, Marylin Monroe, Rita Hayworth, Audrey Hepburn, Ingrid Bergman, Ava Gardner, Marlene Dietrich, Bette Davis …

Stopp. Aber es gab und gibt doch auch Riemchensandalen in Frankreich? Will Imelda mir jetzt beweisen, dass Absätze und Schnüre außerhalb Italiens schon immer verpönt waren? „Nein", seufzt sie, „ich finde die italienischen nur so herrlich!" Es sei schade, dass man so etwas bei uns selten tragen kann. Meistens bräuchten wir regenfeste Schuhe oder Winterstiefel, stimme ich zu. „Ja." Wir seufzen beide. Es sei dafür auch bestimmt nicht einfach, damit über römisches Pflaster zu laufen, versuche ich sie zu trösten. „Hm", macht Imelda.

Sie hat ja Recht: Es gibt eine Welt, die für Riemchensandalen geschaffen ist, und die ist erstrebenswert. Es wäre aber schön, wenn darin endlich auch einmal Trägerinnen der Schuhgröße 41 Platz fänden.

## *Capri in der Elefantengasse*

### Deutschlands erste Pizzeria mit Marmortafel

Als wir uns in der Würzburger Elefantengasse treffen, leben sie schon 23 Jahre im Ruhestand. Trotzdem begehen Janina und Nicola di Camillo das 50-jährige Jubiläum ihres ehemaligen Betriebes und sind wieder einmal gefragte Leute – das deutsch-italienische Ehepaar eröffnete hier Deutschlands erste Pizzeria. Auf die Fragen nach ihrer Lebensgeschichte sind die Camillos gut vorbereitet: Sie haben ein Fotoalbum und Kopien langer Zeitungsartikel mitgebracht.

Wir sitzen im kleinen Gastraum des „Capri“, dessen schlichtes Interieur sich kaum von anderen Wirtschaften unterscheidet. Sollte aber hier nicht auch eine nachgebaute Blaue Grotte zu finden sein? Haben die Nachfolger sie etwa abgerissen? „Aber nein“, lächelt Nicola di Camillo, „die gibt es noch.“ Sie sei auch erst später hinzugekommen, begonnen habe die Geschichte ihrer Pizzeria 1952, in diesem Raum.

Genau genommen muss man aber noch etwas weiter in die Vergangenheit zurückblicken, um die Geschichte der ersten Pizzeria zu erzählen, in die Jahre nach dem Kriegsende. Nicola di Camillo hatte in Nürnberg, wo er als Küchenhelfer bei der US Army arbeitete, einen italienischstämmigen Soldaten kennen gelernt, Silvio Coletti. „Er sprach wie ich“, erinnert sich der gelernte Herrenbekleidungsverkäufer, „wir benutzten beide einen Dialekt aus den Abruzzen.“ Das war ein besonderes Glück – wäre er auf einen Abkömmling norditalienischer Auswanderer getroffen, hätte er sich womöglich auf Englisch unterhalten müssen. Ein allgemein gebräuchliches Hochitalienisch existierte noch nicht und sollte sich erst Jahre später durchsetzen, weshalb auch unter Italienern durchaus Kommunikationsprobleme auftauchen konnten. Silvio Coletti und Nicola di Camillo aber verstanden sich prächtig.

Coletti, beim Special Service zuständig für die Truppenunterhaltung, holte seinen neuen Freund aus der Küche und verschaffte ihm einen besseren Job. Nicola di Camillo wurde Filmkurier für die GI-Kinos „zwischen Ansbach, Bamberg und Erlangen", später brachte ihn Coletti als Empfangschef in einem Country Club für amerikanische Soldaten unter.

Janina Schmitt galt zu dieser Zeit als aufstrebendes Talent im Ballettensemble an der Nürnberger Oper. Im selben Haus war auch ein Teil der amerikanischen Militärverwaltung untergebracht. So kam es, dass sich der italienische US-Army-Mitarbeiter und die 18-jährige deutsche Tänzerin begegneten, erzählt Signora di Camillo, die noch immer ein zartes Persönchen ist, und sehr schön dazu. Sie sprach wenig Schulenglisch, aber genug, um den gut aussehenden Mann aus dem Süden zu verstehen. Er war der Richtige für sie, sie die Richtige für ihn. Nachdem sie nun ein halbes Jahrhundert verheiratet sind, halten sich die Camillos an diesem Punkt ihrer Geschichte nicht mehr auf.

Wie die gemeinsame Zukunft aussehen sollte, das wusste Nicola di Camillo. Bestärkt durch die Erfahrungen im Country Club, wollte auch er ein Restaurant eröffnen; in Würzburg, wo seine Frau aufgewachsen war. Ein gar nicht so leicht umzusetzender Plan in einer Stadt, die sich längst noch nicht von ihrer fast vollständigen Zerstörung im Jahr 1945 erholt hatte. 4000 Menschen waren bei den Bombenangriffen ums Leben gekommen, 84 Prozent der Gebäude zerstört worden. Als der junge Italiener nach einer geeigneten Lokalität suchte, stellten weite Teile Würzburgs noch Ruinenlandschaften dar. Der gezielte Wiederaufbau hatte erst begonnen, nur die wichtigsten Straßen waren vom Trümmerschutt befreit – es sollte bis 1959 dauern, bis über zwei Millionen Kubikmeter Schutt fortgeräumt waren, und weitere fünf Jahre, bis die Stadt sich offiziell trümmerfrei nannte.

In der Altstadt wurde Nicola di Camillo dennoch fündig: Das „Uffenheimer Braustübel“ in der Elefantengasse hatte den großen Brand überstanden. Als Gastwirtschaft wurde es nicht mehr betrieben. Schuhe lagerten darin, und „die Küche war völlig verdreckt“, gruselt sich Janina di Camillo rückblickend, „es gab furchtbar viel zu tun.“

Ihren Mann schreckte nichts. Unterstützt vom deutschen Schwiegervater nahm Nicola di Camillo Verhandlungen mit dem Eigentümer auf, einem Brauereibesitzer. Er schloss einen Vertrag ab, nach dem die Gaststätte weiterhin „Uffenheimer Braustübel“ heißen musste, und stürzte sich in die Arbeit. Die Räume wurden entrümpelt, aus Italien wurde Hilfe geholt: Ein Koch lernte die frischgebackenen Wirtsleute an und wies sie in die Geheimnisse der Nudelsaucen- und Pizzateigherstellung ein. Am 24. März 1952 feierten Janina und Nicola di Camillo Eröffnung.

An deutsche Gäste war zunächst nicht zu denken. Deutsche gingen nicht essen – amerikanische Soldaten aber umso mehr. An sie richtete sich die Speisekarte. „Spaghetti with meatballs“, zerkaut Nicola di Camillo die Worte in breites amerikanisches Englisch, „das kannten die von zu Hause, da gab es ja schon längst italienische Restaurants.“ Auch sei die Pizza eine amerikanische Erfindung, wobei es hierüber verschiedene Meinungen gibt.

Um das Geschäft bekannt zu machen, ging Nicola di Camillo zum Bahnhof und verteilte Visitenkarten an die

Taxifahrer. Er versprach Provision für den Transport von Kunden in sein Lokal und gab selbstverständlich einen aus, wenn das gelungen war. „Damals waren die Gesetze noch nicht so streng", schüttelt er betrübt den Kopf, „da konnte man den Fahrern einfach einen Cognac an der Bar geben."

Einen Dollar – damals 4,15 Mark – zahlten die Soldaten für eine Pizza und ein Bier. Anfang der Fünfzigerjahre, als ein Maurer etwa 2,70 Mark in der Stunde verdiente, war das nicht wenig. Allerdings hatten auch die Zutaten, die in der Braustübel-Küche zum Einsatz kamen, ihren Preis. Fleisch für die meatballs gab es vor Ort – aber Olivenöl? „Viele Lebensmittel waren nur schwer zu bekommen", erzählt Nicola di Camillo, „und die Zölle waren sehr hoch." Ein Laib Parmesan kostete 780 Mark: „Ein Vermögen!"

Fünf- bis sechsmal am Tag mussten die sieben Tische eigentlich belegt sein, damit sich das Unternehmen rentierte. Nick, wie ihn seine amerikanischen Gäste nannten, rührte also weiter die Werbetrommel und veranstaltete Pizza-Partys in den Kasernen seiner potenziellen Neukunden. In diesem Zusammenhang erfand er auch kurzerhand die einteilige Pizzaschachtel, um seine Produkte in noch warmem und appetitlichem Zustand ausliefern zu können. Eine Kartonagenfabrik fertigte sie ihm nach seinen Angaben, und Nicola di Camillo ärgert sich noch heute, dass er die aus einem Stück Pappe gefalzte Verpackung nicht zum Patent anmeldete – genauso wie die Pizza-Backformen mit verschiedenen Durchmessern, die er extra für seine Küche anfertigen ließ.

Das Restaurant etablierte sich und erhielt, mit dem Segen der Brauerei, einen Untertitel: „Le Sabbie di Capri" stand nun auf der Fassade, der Sand von Capri. Der Zweitname sollte nicht nur einen Bezug zu Italien herstellen, sondern auch zur Nachbarschaft, in der die Sanderstraße lag. Deutsche Gäste lockte das komplizierte Wortspiel vorläufig nicht in den Laden. „Da waren nur die Mädchen der GIs“, sagt Janina di Camillo. Ihr Gatte hebt die Hand. „Bis die Grotte kam … Möchten Sie sie sehen?“, fragt er unschuldig, macht aber keine Anstalten, sich zu erheben.

Ja, die Blaue Grotte. 1954 war das, zwei Jahre nach der Eröffnung. Das „Uffenheimer Braustübel/Le Sabbie di Capri“ lief inzwischen sehr gut, jeden Abend war es voll. Unter dem Schankraum aber war noch ein Keller, den man ausbauen konnte. Und dort hinein etwas Besonderes zu setzen, das war eine Aufgabe. Die Camillos unternahmen eine Reise nach Italien. Mit ihrem Ford Taunus fuhren sie nach Sorrento und besichtigten ausgiebig die Blaue Grotte – auch Nicola di Camillo kannte sie nur vom Hörensagen. Mehrfach ließ er sich und seine Frau hindurchrudern, nahm dabei mit einem Zollstock Maß und skizzierte das Wunderwerk der Natur auf einem Zeichenblock.

Zurück in Würzburg, mobilisierte er die Nachbarschaft, darunter den Orthopäden Haas und den Schreiner Ginzel. Der Schreiner sollte selbstverständlich ein Gerüst für eine Wandverkleidung bauen, aber der Orthopäde? „Wir brauchten doch Gips“, freut sich der ehemalige Grottenarchitekt über die Frage, „und zwar sehr viel Gips!“ Er öffnet das Fotoalbum. Ein schwarzweißes Bild zeigt vier fröhliche Männer in Unterhemden an einem Holztisch. Sie trinken Bier und rauchen; im Hintergrund sieht man ein Gerippe an den Wänden und unter der Decke – die Holzkonstruktion für die Blaue Grotte. „All das haben wir mit Gips überzogen“, sagt Nicola di Camillo und fährt mit dem Finger über die Fotografie – mit orthopädischen Gipsmullbinden nämlich, die der Nachbar Haas in rauen Mengen ordern und weiterleiten musste.

Während der Keller so von innen verkleistert wurde, entstand außerdem in der Schreinerei eine Gondel. „Aber kommen Sie“, Nicola di Camillo gibt das Zeichen zum Aufbruch, „ich zeige Ihnen die Blaue Grotte.“ Es geht eine schmale Treppe hinab, vorbei an verblassten Fotografien, die vielleicht Kalendern entstammen. „Alles ist noch wie damals“, versichert Nicola di Camillo. Am Ende der Stufen angekommen, bietet sich dem Betrachter ein bemerkenswerter Anblick: Bedrängt von dunkelblauen, zerknautschten Wänden und schummrig beleuchtet, steht ordentlich aufgereihtes, hässliches Mobiliar neueren Datums, in die Mitte des Raumes ragt der Gondelnachbau, eine Wandmalerei zeigt den Blick aus der Grotte hinaus aufs Meer.

Heutzutage ist diese Umgebung – gewöhnungsbedürftig. Vor knapp fünfzig Jahren allerdings kam sie der Jugend sehr entgegen. „Hier saßen die Deutschen zuerst“, berichtet Nicola di Camillo, ein beliebter Platz für ein Rendezvous sei die Grotte gewesen, wo Pärchen unter sich sein konnten. Und auch in diesem Fall hatte er nicht darauf verzichtet, die Neuerung bekannt zu machen: „Als die Gondel fertig war, hoben wir sie auf einen Wagen und fuhren sie einmal durch die Stadt, damit es auch alle mitbekamen.“

Dass sich sein Kellerpublikum dennoch erst langsam und über die Jahre mit seinen Stammgästen mischte, war dem autodidaktischen Marketinggenie damals sehr recht. „Amerikaner wollten Fingerfood. Ich hatte Angst, dass die Tischsitten den Deutschen aufstoßen.“ Es kam anders – das Lokal wurde zu einer Würzburger Institution, in der Deutsche und Amerikaner verkehrten und sogar Prominenz abstieg, wie das alte Gästebuch beweist – und alle bestellten gern Pizza oder Spaghetti mit Fleischklößchen.

Sie hätten hier alt werden können – aber das ist nicht die Art der Camillos. 1971 richteten sie sich auf gehobenere Ansprüche in der Gastronomie ein und eröffneten das

„Bologna“ in der Innenstadt. Im „Capri“, wie es heute doch sehr kurz heißt, übernahm Nicola di Camillos Bruder das Geschäft. Nunmehr sind wieder neue Betreiber am Werke, ein junges Paar namens Giovanni und Andrea Christoph. Sie umsorgen die Camillos aufmerksam, während wir uns unterhalten, was nicht schwer fällt: Wir sind die einzigen Gäste an einem Wochentag um die Mittagszeit. Es sind harte Zeiten für Wirte, heute.

Janina und Nicola di Camillo dagegen haben ausgesorgt, was nicht nur der Diamantring an Nicola di Camillos kleinem Finger ahnen lässt. Das Paar pendelt zwischen seinem Zweitwohnsitz am Gardasee und Würzburg. Die Mühe hat sich gelohnt, wie für so manche Existenzgründer der Fünfzigerjahre. Auf eines aber können nur die Camillos verweisen, und sie tun es voller Stolz: Über der Tür des „Capri“ prangt eine marmorne Tafel, aufgehängt von der Stadt: „Hier eröffnete am 24. 3. 1952 die erste Pizzeria Deutschlands“, liest Nicola di Camillo vor. „Schön, nicht?“

# *Basta mit Larifari*

## Im Mahlstrom der Italianismen

Es war am 6. November 2000, als Gerhard Schröder sich auf dem Bundeskongress der ÖTV mit einem energischen „basta“ jegliche Kritik an der geplanten Rentenreform verbat. Die Zeitungen diskutierten daraufhin den Stil des späteren Ehrenbürgers von Positano, aber niemand machte sich die Mühe, das Wort „basta“ für seine Leser zu übersetzen. Jeder kannte es – es steht im Duden, wie auch „solo“, „diva“ oder „ciao“.

„Alles paletti“ wiederum steht nicht im Duden. Ein *paletto* ist ein kleiner Pfahl. Warum ein Italiener, wenn er etwas für geritzt erklären will, die Angelegenheit mit gleich mehreren Pfählen in Verbindung bringen sollte, weiß allein der Erfinder dieser Redewendung. Aber italienisch ist nun einmal eine schöne Sprache, die Fabulanten inspiriert und unseren Wortschatz um herrlichen Blödsinn wie „futschikato“ oder „controletti“ erweiterte.

Besonders Werbeabteilungen und -agenturen brüteten in den letzten 50 Jahren pseudoitalienische Namen für unterschiedlichste Produkte aus – allen voran übrigens der italienische Süßwarenhersteller Ferrero, der 1951 seinen Nussnougataufstrich „Supercrema“ in „Nutella“ umbenannte. Wäre heute jemand in einen deutschen Haushalt eingesperrt, der aufgrund höchst widriger Umstände allein mit pseudoitalienisch benannten Waren ausgestattet ist, geschähe vielleicht dies:

Zuerst ist der Entführte selbstverständlich sehr verwirrt. Die Wohnung, in der er sich befindet, sieht nicht komplett aus. Das liegt daran, dass hier keine Objekte mit italienischer Zusatzbezeichnung zugelassen sind. Er kann also weder mit dem Audi Quattro nach geglückter Flucht davonbrausen, noch sich auf dem Sofa Duo von seinem Schock erholen. Zum Trost findet er aber einen Kühlschrank aus italienischer Produktion: Er hat die Wahl zwischen Capri-Sonne, Granini-Säften, Valensina und einem Toscanello-Weißwein. Oder er brüht sich einen Fixfrutta-Tee auf.

Er nimmt den Wein, was verständlich ist. Wie soll es weitergehen? Noch einmal öffnet er den Kühlschrank und ist einigermaßen beruhigt: Eine Auswahl Danone-Joghurts und eine angebrochene Dose Norda-Fisch stehen bereit. Er kann sich auch mit Jocca, Pamesello, Zottarella und Cambozola eine bizarre Käseplatte zusammenstellen. Ein Blick ins Tiefkühlfach sagt ihm außerdem, dass ihm nebst einigen Frosta-Produkten eine Pizza Crossa zur Verfügung steht. Und falls das hier länger dauern sollte, wäre mit einer Grilletta, wahlweise mit Rama oder Sanella gebraten, für Abwechslung gesorgt – oder mit etwas Rotessa-Rotkohl auf der Pizza. Drohendem Vitaminmangel ließe sich mit Lollo Rosso begegnen, der mit etwas Mazola-Öl angemacht wird.

Unser Mann möchte aber nicht bleiben. Frustriert untersucht er die Schokolade- und Keksbestände: Sarotti, Toblerone, Hanuta, Duplo, Balisto, Granola und Messino. Campino-Bonbons gibt es auch. Verhungern wird er nicht – allerdings trägt er keinen Faden am Leib. Das ist unangenehm. Er durchsucht den Rest der Wohnung, die mit Creatone-Wandfarbe gestrichen ist, und stößt die Tür zum Badezimmer auf: Leer, bis auf einen Labello-Stift und eine Batterie Wella-Haarpflegemittel. Im Schlafzimmer entdeckt er zu seiner großen Erleichterung ein Sakko im Schrank sowie Hunderte von Bruno-Banani-Unterhosen.

Etwas besser gestimmt, sitzt er bald darauf im Wohnzimmer auf dem Fußboden und hört Ariola-Schallplatten.

Das Fernsehen, hat er festgestellt, zeigt ausschließlich Alfredissimo-Folgen. Und so wird es bleiben, wenn das Schicksal sich nicht gnädig zeigt. Das tut es aber: Als die widrigen Umstände gerade einmal nicht hinsehen, spendiert es dem Eingeschlossenen einen Satz Lehnwörter, damit er aus diesem Trott herauskommt. In der unmittelbaren Folge ist das Wohnzimmer schlagartig tapeziert, lackiert und mit Stuck sowie einem Fresko dekoriert. Ein Piano taucht auf, wie eine Fata Morgana. Der unfreiwillige Haushaltvorstand staunt zudem über Skatkarten, Porzellan, einen Pokal und einen Kompass. Lesestoff regnet wie Konfetti auf ihn herunter, die Frauenzeitschriften Amica und Bella sowie alte Allegra-Ausgaben. Er protestiert, doch der Raum füllt sich weiter – mit Marzipan, Sardinen und Tellern, mit Torten, Lottoscheinen, Lametta und der Doktorarbeit von Friederike Schmöe: „Italianismen im Gegenwartsdeutschen unter besonderer Berücksichtigung der Entlehnungen nach 1950". Er muss diesem Inferno entkommen! Volles Risiko! Er stürzt hinaus und stolpert dabei über eine Portokasse. In der Küche veranstalten ein Pirat, ein Pilot und ein Soldat eine Tombola, bei der es ein Sortiment Folien zu gewinnen gibt. Er hastet weiter, in den Korridor. Endlich findet er das, was er braucht: ein Paar Stiefel und eine Granate, mit der er sich aus diesem Szenario heraussprengt.

Inkognito kann er die Gegend angesichts seines Aufzugs nicht verlassen, mit dem Erlebnis aber sicher soviel Furore machen, dass nun auch Schluss sein soll mit dem Larifari.

# *Hexen, Teufel, Götter*

## Kleine Geschichte des deutsch-italienischen Fußballs

Von Michael Ringel

*Klein, dünn, arm und immer hungrig. So sind sie, die Italiener. Die jetzt die Wiesen und Aschenplätze unsicher machen. Und am Spielfeldrand fluchen ihre Väter: „Porco dio!" Wenn die Deutschen ein Tor schießen. Gegen die Spaghettis, die Itaker. Die trotzdem gewinnen – sogar ganz schön oft. Obwohl wir viel größer und stärker sind. Aber die Italiener sind clever, verdammt clever. Und sehen dabei auch noch gut aus!*

Am Anfang steht die Urmutter aller Spielerfrauen: Italia Walter. Am 2. September 1948 heiratete Italia Bortoluzzi den Kapitän des 1. FC Kaiserslautern Fritz Walter. Zunächst wurde die aus Venetien stammende, fremde Frau misstrauisch von den biederen Pfälzern beäugt: Von der „schwarz Hex mit de rote Fingernägel" wurde getuschelt, die den Pfälzer Bub in den Abgrund der Leidenschaft ziehen wolle. Auch Bundestrainer Sepp Herberger riet dem Ziehsohn von der selbstbewussten jungen Frau ab. Die nämlich verstand sich eher als Managerin denn als treuherzige Gattin ihres Fritz. So hätten Italia und Fritz Walter als Frühform eines Beckhamschen Popp-Paares in die Fußballgeschichte eingehen können, wären der rote Teufel und die schwarze Hexe nicht beide ganz im Sinne der Adenauerzeit sehr bescheiden und provinziell aufgetreten. Brav lehnte also Italia Walter ein für damalige Verhältnisse astronomisch hohes Angebot von Atletico Madrid für ihren Weltmeister von 1954 ab: „Schätzje, mer bleibe do."

Seitdem wurde die bekannteste deutsche Italienerin nicht nur in der Pfalz geliebt und verehrt. Einige Fußballgenerationen später hätten sich der Weltmeister von 1990 Andreas Möller und seine Frau Michaela sicher anders entschieden: „Madrid oder Mailand – Hauptsache Italien." Eine geographische Verwirrung, die offenbar weit verbreitet ist in der Fußballwelt. Kurioserweise war nämlich Italia Walter dem Pass nach Französin, allerdings mit einer italienischen Mutter.

*Wenn dich ein Italiener fragt, sag nie, du bist für Inter oder Milan, Roma oder Lazio. Die sind total verrückt, völlig irre. Die killen dich beim falschen Verein. Am schlimmsten sind die aus dem Süden. Hinter Rom beginnt Afrika. Terroni. Erdfresser. Die haben alle ein Messer. Sag immer, du bist Juve-Fan. Der beliebteste Verein Italiens. Juventus Turin. Die ewige Jugend. Tutta la Giovinezza della mia vita ti voglio donar.*

Ab 1963 trägt die neu gegründete Fußball-Bundesliga mit ihrem republikweiten Spielbetrieb wesentlich zur Entprovinzialisierung Westdeutschlands bei und fördert zugleich das Selbstbewusstsein der unterschiedlichen Regionen. Eine Entwicklung, die die Pokalwettbewerbe der UEFA noch verstärken sollten. Europäische Spitzenmannschaften waren nun regelmäßig zu Gast in den Bundesliga-Stadien, und auf den Rängen erlebten die deutschen Fans staunend ihre ausländischen Arbeitskollegen, denen sie sonst in der Freizeit aus dem Weg gingen, die jetzt aber lautstark ihre heimischen Klubs anfeuerten. Besonders die Italiener wurden anfangs belächelt. Sie trugen exotische Namen, gestikulierten melodramatisch und spielten eine völlig andere Art des Fußballs. Doch spätestens wenn wieder einmal ein deutscher Angriff an einer traumhaft sicheren italienischen

Verteidigung scheiterte, wurden die im Fußball überraschend effizienten Italiener ernst genommen. Zwei Systeme trafen hier aufeinander: Die Italiener spielten nach der Devise „Hinten Beton anrühren, und vorne hilft der liebe Gott" ein sehr defensiv ausgerichtetes *calcio*, bei dem vor allem in den Sechziger- und Siebzigerjahren der *catenaccio* die Verteidigung bestimmte. Die gesamte Mannschaft zog sich dabei vor dem eigenen Tor zu einem Abwehrriegel zurück und versuchte vehement, jede Angriffsbemühung des Gegners zu unterbinden. Die Deutschen hingegen spielten einen eher angriffsorientierten Fußball, bei dem bewusst einkalkuliert wurde, dass man im Laufe der Partie zurückliegen könnte. Diesen Rückstand würde man jedoch, so die Idee, zum Ende hin durch die körperliche und konditionelle Überlegenheit des eigenen Teams mindestens ausgleichen können. „Fußball ist, wenn 22 Mann dem Ball hinterherlaufen, und am Ende gewinnen immer die Deutschen", beschrieb der englische Stürmer Gary Lineker das deutsche Phänomen.

*Wir sitzen also beim Italiener und gucken das Endspiel. Deutschland gegen Argentinien. Italia Novanta. Alle feuern die Deutschen an, auch die Italiener, weil die Argentinier die Italiener zuvor im Halbfinale rausgeworfen haben. Nur die italienische Köchin läuft die ganze Zeit herum und schüttelt missmutig den Kopf: „No! No, no! Keine Chance!" Die Deutschen würden diesmal garantiert verlieren, das spüre sie ganz genau. Die Schwester der Köchin ist auch da und schwanger und flucht ständig bei jedem Foul der beinharten Argentinier: „Vafancullo!" Und jedesmal beschimpft die Köchin ihre Schwester, sie solle gefälligst an das ungeborene Kind denken. Wenn eine Schwangere fluche, bekäme das Kind ein Feuermal im Gesicht, sagt sie. Italiener! Alle aber-*

*gläubisch. Dann schießt Brehme den Elfmeter, und Deutschland ist Weltmeister. Mitten im Jubel greift die Köchin meinen Kopf, küsst mich und ruft strahlend: „Hab ich doch gesagt: Wir gewinnen!"*

In den Sechzigerjahren wird der Fußball zum Zerrspiegel der Migration. Während die italienischen Arbeiter zu Tausenden nach Deutschland einwanderten, sollte niemals ein italienischer Profi in der Bundesliga spielen, daheim bekamen sie einfach mehr Geld und Anerkennung. Umgekehrt wäre es einem deutschen Arbeiter nicht einmal im Urlaub eingefallen, nach Italien auszuwandern. Dafür zog es die deutschen Fußballer immer schon nach Süden. Seit dem Jahr 1905, als ein gewisser Julius Östermann Stürmer beim Naples Football and Cricket Club, einem Vorläufer des späteren Maradonna-Clubs SCC Neapel, wurde, war Italien eins der Traumländer deutscher Kicker. Die Transferliste ist lang: Von Horst Szymaniak, Helmut Haller und Karl-Heinz Schnellinger bis zu den Ostdeutschen Thomas Doll und Matthias Sammer in den Neunzigerjahren. Zeitweise spielten derart viele deutsche Profis in Italien, dass im DFB ernsthaft überlegt wurde, die Nationalmannschaft für die so genannten Legionäre zu sperren, um angeblich zu verhindern, dass die Bundesliga ihrer Stars beraubt werde. Dabei war es gerade die berühmte „internationale Erfahrung", die die „Legionäre" mit zurückbrachten und von der die Bundesliga lange Jahre profitierte. Weshalb der spätere Bundestrainer Erich Ribbeck diesen nationalen Gesinnungsunfug mit einem einzigen, allerdings nicht weniger unsinnigen Satz beiseite wischte: „Es ist egal, ob ein Spieler bei Bayern München spielt oder sonstwo im Ausland."

*Guck dir doch die „Gazetta dello Sport" an. Außen dieses Hutschigutschi-Rosa, und drinnen tobt der Krieg. Es wimmelt nur so von „Canonieri". Sowas wie Bomber der Nation. Total martialisch. Und wenn du den Fernseher einschaltest, läuft da Werbung für echte Waffen. Im Nachmittagsprogramm. Mit Zbigniew Boniek. Dem polnischen Stürmer von Inter. Lädt die Flinte durch. Nuschelt irgendwas Unverständliches in die Kamera. Und ballert los. Für Beretta. Calcio ist Krieg.*

Das Jahr 1970 bringt den doppelten Höhepunkt des deutsch-italienischen Fußballs. Die Phase des – Fußballreporter würden sagen – Abtastens war vorbei. Nun trafen die Mannschaften und Systeme hart aufeinander. Zunächst bei der Weltmeisterschaft 1970 in Mexiko. Am 17. Juni 1970 kam es im Azteca-Stadion von Mexiko-Stadt zur Halbfinalpartie Italien gegen Deutschland, die als „das Spiel des Jahrhunderts" oder auch als „das verrückte Spiel", wie es in Italien heißt, in die Geschichte eingehen sollte: „Zwölf Uhr in Mexico, in einer heißen/zerpfiffnen Schüssel: Celsius sechzig Grad./Es kochte furchtbar, doch das Resultat/gilt als Bonbon in den Expertenkreisen", beginnt das Versepos des Dichters Ror Wolf. Das „Bonbon" aber hinterließ in der Fußballwelt deshalb einen solch bleibenden Eindruck, weil es gleich mehrere Spiele beinhaltete, wie der Mailänder Psychologe Gianluca Bocchi analysiert: „Die Faszination dieses Spiels bestand zum guten Teil darin, dass es eine Kombination bzw. Abfolge von Einzelspielen wurde. Denn es fanden zumindest zwei Spiele statt, auch wenn nicht völlig klar ist, wann das erste aufhörte und das zweite anfing." Schnell ging Italien durch Roberto Boninsegna in Führung und begann erwartungsgemäß zu mauern. Erst in der 89. Minute des bis dahin fast tristen Kicks gelang „ausgerechnet Schnellinger" (ARD-Kommentator Ernst Huberty), der seit 1965 beim AC Mailand unter Vertrag stand, der Ausgleich. Die Verlängerung begann mit einem Eigentor von Poletti, dem das 2:2 durch Burgnich folgte, das 3:2 durch Riva, das 3:3 durch Müller und das 4:3 durch Rivera. Eine der „überraschendsten, dichtesten und intensivsten Torsequenzen der gesamten Fußballgeschichte", wie Bocchi feststellt. Es war das einzige Spiel in der WM-Geschichte, in dem fünf Tore in der Verlängerung erzielt wurden. Faszinierend war aber vor allem das Aufeinandertreffen zweier grundverschiedener Ideen des Fußballs: Das „Nie Aufgeben" der Deutschen, die trotz einer schier ausweglosen Lage zurück ins Spiel fanden, und das „Vom Staub in den Olymp" der Italiener, die in Mexiko endgültig ihre ewig negative Grundeinstellung, der „Prototyp eines perfekten Verlierers" zu sein, überwanden. Nach diesem Kampf mit einem scheinbar unbesiegbaren Gegner, aber noch vielmehr mit sich selbst, waren Riva, Rivera, Mazzola, Facchetti zu Fußballgöttern geworden. „Weiße und Azzurri sind keine Gegner, sondern Interpreten einer Oper wie Capuleti und Montecchi in einem *Julia und Romeo* des Fußballs", wie der Journalist Roberto Giardina in seiner „Anleitung, die Deutschen zu lieben" schreibt. Die Italiener hatten nicht nur das Spiel gewonnen, sondern auch die Herzen der Deutschen – und zwar für mindestens hundert Jahre, wie man in diesem pathetischen Moment glaubte. Dass eine Jahrhundertliebe allerdings nur wenige Monate dauern kann, mussten die Fußballfans kurz nach der Weltmeisterschaft erfahren, als es am 21. Oktober 1970 zum „Büchsenwurf vom Bökelberg" kam. Im Europapokal der Landesmeister spielte Borussia Mönchengladbach das Weltklasseteam von Inter Mailand an die Wand. Es war wohl Günter Netzers bestes Spiel, und die Borussia hätte mit dem 7:1 einen Jahrhundertsieg errungen, wäre nicht in der 30. Spielminute Roberto Boninsegna von einer Cola-Dose, die ein Fan angeblich von der Tribüne geworfen hatte, am Kopf getroffen worden. Boninsegna wälzte sich theatralisch am Boden und wurde ausgewechselt. Die UEFA annullierte das Spielergebnis und setzte ein Wiederholungsspiel im Berliner Olympiastadion an, das Inter 2:4 gewann – und fortan galten in Deutschland alle italienischen Fußballer als melodramatische Schau- und Schönspieler, die für den Sieg lügen und betrügen würden. Gern sahen sich die Deutschen als Opfer und vergaßen dabei, dass es ein deutscher Fan gewesen sein muss, der die ominöse Büchse warf. Für alle Beteiligten jedoch stand das dramatische Geschehen diesmal unter dem Motto: „Vom Olymp in den Staub."

*Stell dir vor, es gäbe in Deutschland eine offizielle Wahl zum hübschesten Fußballer der Bundesliga. Einmal im Jahr. Und Millionen Frauen machten mit. Wie in Italien. Wo der schöne Paolo Maldini, weißt du, der Verteidiger vom AC Milan, jahrelang die Nummer eins war. Da haben es die Italiener schon besser. Wer könnte hier wohl gewinnen? Jens Jeremies? Bastian Schweinsteiger? Wer weiß das schon? Höchstens der Papst in Rom. Der kennt sich in der Bundesliga aus. Schließlich ist er seit 1988 Mitglied bei Schalke 04. Was denen aber auch nicht gerade geholfen hat.*

Zwei Fußballweltmeisterschaften sollten noch entscheidende Kapitel in der deutsch-italienischen Fußballgeschichte liefern. 1982 bei der WM in Spanien gewann Italien im Endspiel mit 3:1 Toren gegen Deutschland, das sich zuvor im Halbfinale gegen Frankreich verausgabt hatte. Die Szene auf der Ehrentribüne, als der steinalte und winzig kleine italienische Staatspräsident Sandro Pertini nach dem dritten Tor der Italiener vor Freude circa drei Meter in die Luft sprang, rührte auch die deutschen Fernsehzuschauer schon sehr. Und bei der WM 1990 in Italien besiegte Deutschland im Finale Argentinien mit 1:0. Die Italiener waren im Halbfinale von den Argentiniern besiegt worden und feuerten nun im Endspiel die Deutschen an. Das bedeutete Gleichstand in der Ewigenliste: Deutschland und Italien waren jetzt jeweils dreimal Fußballweltmeister geworden. All diese Entwicklungen im Profibereich wirkten sich nun auch auf den Amateurbereich in Deutschland aus, wo ein nicht unwesentlicher Unterbau an Einwanderervereinen entstanden war. In Vereinen wie SV Italia 1965 München, F.C. Italia Enkheim 1977, AC Italia Groß-Gerau 1982, S.G. Italia-Rhein-Main Wiesbaden, FC Italia Dortmund 03 oder Club Italia 1980 Berlin ließen die deutschen Italiener ihre lokalen Rivalitäten aus der Heimat hinter sich: „Juve, Inter und Lazio – alles unter einem Dach", weiß die Hildener „Wochenpost" zu berichten. Besonders aktiv sind die italienischen Vereine in der Kinder- und Jugendarbeit – und nicht nur für italienischstämmige Mitglieder. Aber was für die Profis gilt, zählt offenbar auch für die Amateure, jedenfalls wenn es um die Spielweise geht: „Auf die Defensive ist Verlass", urteilt die „Rheinische Post" über die Erste Mannschaft des AC Italia Hilden. Folgerichtig tauchen in der Bundesliga im Laufe der Jahre die ersten Einwandererkinder auf. Der wohl bekannteste ist Maurizio Gaudino, der es als Sohn eines neapolitanischen Gastarbeiters aus Mannheim-Rheinau vom Armenviertel der Stadt bis in die deutsche Nationalmannschaft brachte, später jedoch in Autoschiebereien verwickelt war und schließlich unter dem Druck der Medien ins Ausland wechselte, wohin ihm sein Ruf bereits vorauseilte. Angeblich erzählte man sich in Manchester, wo er für einen Sommer spielte, Gaudino-Witze: „Nach einem Auswärtsspiel kommt das Team in die Kabine. Plötzlich ruft der Betreuer: ‚Wo ist denn unser Bus?' Alle schauen Gaudino an, doch der strahlt: ‚Ich habe ein Alibi, ich habe gespielt.'"

*Am Spieltag. Mittagshitze. Eine Piazza. Ultras dösen auf den Kirchentreppen, als plötzlich eine gegne-*

*rische Gruppe den Platz betritt. Gleich explodiert alles. Obwohl da auch dieser Unwille zu spüren ist. Es ist einfach zu heiß. Jetzt Ärger – und das Spiel ist vorbei, bevor es angefangen hat. In dem Moment fährt ein Mann auf einem Roller um die Ecke. Als er die Ultras sieht, reißt er vor Schreck den Lenker herum, knallt gegen ein geparktes Auto und fliegt über den Lenker aufs Pflaster. Erleichtert stürzen sich die Ultras mit Geheul auf den am Boden Liegenden, der zum Glück nur ein paar Schrammen abbekommen hat, heben ihn und seinen Roller hoch, setzen ihn auf den Sattel, schieben ihn an, geben ihm eine leichte Kopfnuss, so dass er unter dem Jubel der freundlichen Helfer hastig davonbraust, ohne sich umzusehen. Die Ultras stimmen ihre Gesänge an und trotten in Richtung Stadion.*

In den Neunzigerjahren schließlich werden mit Giovanni Trapattoni bei Bayern München und Nevio Scala bei Borussia Dortmund erstmals italienische Trainer in der Bundesliga verpflichtet. Besonders Trapattoni wurde sehr populär in Deutschland, nachdem er seine berühmte Brandrede zur Lage des FC Bayern München gehalten hatte, die mit ihren äußerst geflügelten Worten als eine der wichtigsten und meist zitierten Reden deutscher Zunge in die Geschichte eingeht. Die Italiener waren endgültig zu Lehrmeistern der Deutschen herangereift. Bei allen internationalen Einflüssen auf den deutschen Fußball war der italienische Einfluss der vielschichtigste und beständigste, auch wenn das Verhältnis meist von Emotionen beherrscht wurde: die anfängliche Herablassung der Deutschen gegenüber den Südländern; die spätere Verklärung des deutsch-italienischen Fußballs als vermeintlicher Antagonismus aus „Solidität“ und „Intuition“; oder die Bewunderung für die italienische Effizienz, die in dem immer wieder kolportierten Spruch mündete: „Wenn es darauf ankommt, gewinnen die Italiener." Letztlich hat gerade die Dominanz des Irrationalen die angeblich so rationalen Deutschen entscheidend beeinflusst. Wenn die Italiener mit verblüffender Leidenschaft eine komplett unwichtige Angelegenheit wie das Fußballspiel betrieben, dann lernten die Deutschen daraus eins: Erst im Spiel und damit der unernsten Seite des Lebens gewinnt der Mensch seine Humanität. Durch die italienische Lebensart wurden die Deutschen also auch ein wenig humanisiert. Genau so lässt sich dann die ironische Aussage des legendären Managers vom FC Liverpool, Bill Shankley, verstehen, die den Sinn des Fußballs zusammenfasst: „Manche Leute halten Fußball für eine Sache von Leben und Tod. Ich mag diese Einstellung nicht. Ich versichere Ihnen, dass es weit ernster ist!"

## *Der Brotkorb der Covellis*

### Gelassenheit für Anfänger

Anfang der Achtzigerjahre kam ich zu den Covellis. Freunde hatten mich als Kellnerin in das neueröffnete Covellische Restaurant „Stromboli" in F. vermittelt. Da ich ein wenig italienisch spreche, könnte ich der Familie doch sicherlich nützlich sein – es hapere ein wenig an deutschen Sprachkenntnissen und möglicherweise auch an gastronomischer Erfahrung.

Eugenio Covelli empfing mich an meinem ersten Arbeitstag mit offenen Armen und in seiner Muttersprache. „Unsere Verstärkung", freute er sich, „willkommen!" Am besten, er zeige mir jetzt gleich alles, bevor die ersten Abendgäste und seine Kinder zurückkämen, sprudelte er los: hier der Lagerraum, dort die Gästetoiletten, hier die Küche; hinter dem Tresen die Kasse, die Speisekarten und hier im Brotkorb ein Brief, dessen Inhalt er nicht verstehe, den ich mir morgen einmal ansehen sollte – ich unterbrach Eugenio und bat ihn, langsamer zu sprechen. „Langsamer? Natürlich. Ein Briiieef" – er zog das Wort auseinander – „hier. Im Brotkorb. Morgen."

Gut, also *domani*, gab es doch auch noch anderes zu tun, zum Beispiel die Abendkarte zu verfassen. Wir setzten uns. „Insalata di mare", diktierte Eugenio, und ich schrieb mit und übersetzte: „Meeresfrüchtesalat". Während wir uns durch die Desserts arbeiteten, gesellten sich die restlichen Covellis zu uns. Ich stand auf, begrüßte Signora Covelli und lag falsch. Signora Covelli war zu Hause – ich sollte sie übrigens auch niemals zu Gesicht bekommen –, diese Frau war Caterina. Die Köchin, ja, aber auch, nun ja, ein

Familienmitglied. Und das waren die Kinder: die neunjährige Luisa und ihre 16-jährige Schwester Giulia sowie die 15- und 17-jährigen Brüder Salvatore und Mario. Die Jungen arbeiteten im Restaurant, erklärte mir Eugenio. Salvatore war als Küchenhelfer eingeteilt, Mario als Kellner. „Auf geht's", rief er, „gehen wir an die Arbeit!"

Abgesehen von einem leidlich florierenden Mittagsgeschäft gab es in den ersten Wochen nicht viele Gäste zu bewirten. Trotzdem geschah fast jeden Tag etwas, das meinen Einsatz rechtfertigte. Der Brief im Brotkorb etwa hatte sich als Auftragsbestätigung entpuppt, wonach Eugenio das „Stromboli" in einem dubiosen Restaurantführer verzeichnet haben wollte, der nun für diesen Dienst eine unverschämte Summe verlangte. Wie sich herausstellte, war Eugenio einem Vertreter aufgesessen – er hatte geglaubt, es handele sich um einen Restaurantkritiker. Mit bösen Worten und der Drohung, einen Anwalt einzuschalten, konnte ich den Vertrag rückgängig machen. An anderer Stelle war mir jedoch kein Erfolg beschieden; nicht zuletzt deshalb, weil Eugenio seine „merkwürdigen Briefe", wie er sie nannte, selten rechtzeitig in den Brotkorb legte. Gewöhnlich öffnete er morgens die Post, setzte die Brille auf und studierte alles eingehend, vom Metro-Katalog bis zu gefährlich aussehenden Umschlägen mit Amtsstempel, stopfte dann aber den gesamten Stapel in eine Schublade hinter dem Tresen und kümmerte sich nicht weiter darum. „Lo facciamo domani", sagte er, das machen wir morgen. Die Auftragsbestätigung für die wöchentliche Lieferung von sechs riesigen Toilettenpapierrollen à 300 Meter jedenfalls bekam ich erst zu sehen, als bereits ein Kilometer angeliefert war, und auch die ebenso exklusive wie teure Anti-Fett-Spezialbehandlung der Tischdecken durch die Wäscherei ließ sich erst spät einstellen.

Immerhin aber machte sich das „Stromboli" langsam einen Namen. Das lag vor allem an Caterina, die eine begnadete Köchin war. Bis auf Salvatore bekamen wir sie alle nur beim frühen Familienabendessen zu sehen. Caterina rauschte morgens herein, verschwand sofort in ihrer Küche und kam dann nur noch einmal heraus, um sich Eugenio zur Brust zu nehmen: Entweder hatte er vergessen, etwas vom Großmarkt mitzubringen, oder er hatte das Falsche eingekauft. „Was soll ich mit Champignons?", tobte sie dann etwa, „ich habe dir gesagt, ich will Austernpilze!" Eugenio gab Caterina immer Recht und bemühte sich, sie nicht weiter zu reizen. „Ich bringe sie morgen", versprach er und winkte mich eilig heran, die Karte umzuschreiben.

Einmal, weit nach Ladenschluss, fehlten die Tomaten – eine ganze Kiste, von der Eugenio versichert hatte, sie befände sich im Lager. Keine Tomaten, das war eine Katastrophe, vergleichbar nur mit Kartoffelknappheit in einem deutschen Restaurant. Die Auseinandersetzung zwischen einer sehr wütenden Caterina und Eugenio fand hinter der Küchentür statt. In mir meldete sich ein deutscher Generalstab. Das Problem musste zu lösen sein! Vorsichtig öffnete ich die Küchentür. Wir könnten Kollegen anrufen, schlug ich vor, andere Gastronomen, und Tomaten leihen – einer von uns müsste eben schnell vorbeifahren. Aber Caterina schüttelte den Kopf. „Heute gibt es keine Tomaten", sagte sie, „damit kommen wir zurecht. Wenn aber morgen..." Ich ging hinaus und suchte die Speisekarten zusammen.

Auf meinen täglichen Blick in den Brotkorb folgten nicht nur Telefonate mit Lieferanten, ich kam auch zu Auswärtsterminen. In einem Schreiben von Luisas Schule wurde zu einem Elternabend geladen. Wie immer, wenn ich das italienische Wort nicht wusste, übersetzte ich umschreibend: „Dies ist die Einladung für einen Abend, an dem sich alle Eltern von Luisas Klasse mit der Lehrerin treffen." Eugenio nickte und verdrehte die Augen. „Kannst du bitte gehen?“ Ich ging, schließlich überwachte ich auch schon die Hausaufgaben von Luisa. Und ich ging auch ein Gespräch mit Giulia führen, an einem Nachmittag und ohne Wissen ihres Vaters, nachdem sie mir ihren „Verlobten“ vorgestellt hatte. In der Hektik des Tagesgeschäfts war nie Zeit, ein Wörterbuch zu benutzen – hierfür hatte ich allerdings vorher nachgesehen, was „Verhütung“, „Pille“ und „Frauenarzt“ auf italienisch hieß.

Sprachlich gesehen machten die Covellis und ich große Fortschritte. Eugenio erledigte inzwischen kleinere Bestellungen am Telefon, ich soufflierte nur noch; als Salvatore eine komplette Runde Beilagensalate vergessen hatte, schockierte ich ihn mit einem derben Fluch. Gleichzeitig entwickelten wir einen eigenen, gemeinsamen Jargon. So sprachen wir im Deutschen wie im Italienischen von „la Brauerei“ oder „dem *cuoco* von Peter“, einem benachbarten Gastronomen. Manch italienische Floskel allerdings blieb für mich ein zusammenhängender Begriff, bis ich sie in einzelne Worte unterteilen konnte. So lange ich die Bedeutung verstand, machte das aber niemandem etwas aus. Schwieriger wurde es bei deutschen Worten, die mir von den Covellis zur Übersetzung vorgetragen wurden. „Carola, was ist ein Ohseidesse?“ Das sei kein deutsches Wort, erklärte ich, „bist du sicher, dass es so hieß?“ Aber sicher, behauptete Mario, „die Frau an Tisch vier hat ‚Ohseidesse‘ gesagt. Sie kommt heute Abend noch einmal.“ Und da Tisch vier wirklich am Abend zurückkehrte, löste sich das Rätsel: Die Dame plante ein Hochzeitsessen.

Weiterhin unvereinbar blieben unsere Ansichten über die Betriebsführung. Der Zigarettenautomat war seit einer Woche nicht aufgefüllt worden? Dann würde der Mann sicher morgen kommen, kein Grund, sich aufzuregen. Das Reservierungsbuch war verschwunden? Natürlich, das lag zu Hause – morgen ist es wieder da. Ein Anruf wegen des Ohseidesse? Sicher, morgen schicken wir den Menüplan.

Mittlerweile etwas abgehärteter, war ich nicht sonderlich überrascht, als ich eines Morgens vor verschlossenen Türen stand. Vielleicht waren Eugenio und Caterina zusammen zum Großmarkt gefahren und hatten sich verplaudert. Ich wartete, dann erschienen Mario und Salvatore. Wo ihr Vater war, wussten auch sie nicht, aber immerhin besaßen sie einen Schlüssel. Wir deckten die Tische ein, Salvatore hackte Zwiebeln – wir blieben allein. Die ersten Gäste würden bald kommen, was sollten wir tun? Um halb zwölf hängte ich einen großen Zettel in die Tür: „Wegen Wasserrohrbruchs geschlossen."

Am nächsten Tag teilten mir die Covelli-Kinder mit, Eugenio sei in Rom. In Rom? Doch, so war es. Ein entfernter Onkel Eugenios war gestorben, er wollte an der Beerdigung teilnehmen. Caterina hatte er mitgenommen und über einen Rückflugtermin nichts verlauten lassen. Für den Abend waren sieben Tische vorbestellt.

Ich malte ein neues großes Schild, auf das ich „Morgen wieder geöffnet" schrieb. Das würde auch morgen noch gelten.

## Quellennachweis

Biondi, Franco: *Treffsichere Begegnung* aus: Franco Biondi, Ode an die Freude, Avlos, 1995.